JN086121

東京の長寿企業70社

The Companies with a Long History in Tokyo

日刊工業新聞社：編

日刊工業新聞社

まえがき

企業とは何か

1964（昭和39）年の東京オリンピックから五十余年、首都東京は大きな変貌を遂げた。東京タワーに代わる高さのシンボル「東京スカイツリー」が聳え立ち、かつては珍しかった外国人が大挙来日し、街は以前にも増して賑わいを見せている。この50年で東京都の人口は約300万人増加し、人、モノ、カネと情報の東京一極集中は、いまなお加速しつつあるといってよい。

一方で、この東京で事業を営み続けてきた多くの企業もまた、変化と革新を遂げている。1973年のオイルショックを転換点にした高度経済成長の終焉から、バブル崩壊以降の失われた20年の低成長時代。さらにはグローバル化の荒波とともにリーマン・ショックや東日本大震災といった数々の〝想定外〟の事象が押し寄せた。企業の多くは、これら環境の激変に翻弄されながらも、これを乗り越え、五十余年以上の歴史を刻んできた。そこには知恵と工夫に満ちた、それぞれの歴史があったに違いない。東京2020を数カ月後に控えたこの時期、本書はそうした企業の挑戦の姿を一冊にまとめたものである。

対象は、前回の東京五輪が開かれた1964年に、すでに創業していた会社で、いずれも競争力の高い製品・サービスを軸に、長い歴史を刻んできた会社だ。ここで掲載する70社すべてを語ることはできないが、共通しているのは、長く事業を営んでこられた各社各様の要因が必ず存在すること。高い品質であったり、差別化された製品・サービスであったり、あるいは変化対応力であったり。そして、それ以上に、経営理念や社是に代表される企業として目指すべきもの、根っこにある普遍的な部分が、実に明快であることに驚かされる。世界的な低成長時代が続くなか、企業は何を求めていくべきか。答えは容易に見つかるものではない。しかし、ここに掲げた東京の長寿企業70社のなかには、指針となるべきいくつもの実例とヒントが隠されていると確信する。

世界都市・東京は、これからも変わる。企業も大きく変わるだろう。一方で、長寿企業の本質部分は今後も変わらないにちがいない。折しも、新型コロナウイルスの拡大によって、経済活動や社会活動が世界的に縮小しているこの時期、会社とは何なのか、企業活動とは何なのかを、私たちは改めて考えさせられている。企業で働く方々だけではなく、就職や転職を目指す方々に対して、少なからず「企業とは何か」の参考になれば幸いである。

2020年3月

日刊工業新聞社東京支社長　玄蕃　由美子

目　次　東京の長寿企業70社

な

や

ら

東京の長寿企業70社

前例のないニッチな市場で価値を創造

アイシーエクスプレス株式会社

1964（昭和39）年の東京オリンピック。開催期間中、競技会場からテレビ局や新聞社にニュース素材を運ぶバイク輸送が活躍した。プレスライダーと呼ばれる運び屋の総数はおよそ150台。このバイク輸送を担当したのが、60年に創業したアイ・イー・シー（現アイシーエクスプレス）だ。24時間・365日稼働のバイク輸送という創業者・黒木寛至氏が打ち出したアイデアで、新聞、テレビ局各社と次々に契約。事故や災害といったニュースの現場から、いち早くメディアの手元にフィルムなどの素材を運んだ。

オリンピックで一気に売上を伸ばすも、以降は赤字続き。

●社是・理念

「創意・工夫・実行」…時代のニーズを見つけ、そこに付加価値をプラスし、失敗を恐れず挑戦していく精神

代表取締役社長

渡邊　一隆 氏

もともと羽田空港の通関、輸送業務で起業した黒木氏は、次に羽田から全国に手荷物を運ぶ来日外国人旅行者向けのサービスを着想、このとき4輪トラック輸送に乗り出したが、こちらもドルショックによる外国人客の減少で長くは続かなった。一方で、同サービスで配備したパネル仕様のトラックによる有名歌手の全国ツアー楽器輸送車契約を獲得。これを契機に、同社は来日アーティストらの機材輸送を一手に引き受ける企業に成長、リスクが高い海外アーティスト相手の商売で、多くの経験値と問題解決能力を高め、他社を圧倒する力を見せている。

◉モノを運ぶだけではない

いずれも前例のないニッチな市場である。それが創業以来変わらない同社のフィールド。前例がなくとも断らずに、考え、実行に移す。単にモノを運ぶだけなら他社と変わらない。マラソン中継用のバイク機材もその一つ。長年中継取材を受注してきたが、カメラの手ブレを嫌う放送局の要望に応え、特別仕様の3輪バイクを特注した。最近は、大学病院などを対象にした医療機器の輸送でも実績を増やしているが、ここでも車両自体を改良するなどの独創的な取り

マラソン中継用の３輪バイクも特注

ズラリと並ぶ高機能プリンターが成長の原動力

組みが見られる。

こうした取り組みとともに、同社成長の原動力となってきたのが、プリント事業だ。大手コンビニエンスストアから受け取ったデータを処理し、自社プリンターで出力した帳票や明細表などの紙を迅速にお客様へ配達する事業を1986年にスタート。2004年には富士ゼロックスと業務委託契約を締結し、企業内プリントを外部委託に切り替える今日の流れを作った。「情報処理能力と高機能プリンター、それに輸送部門を持っているから発注してもらえる。データを受け取れば翌朝には複数のオフィスへ紙を配達できるので、顧客は100社近くになる」（渡邊一隆社長）という。

2輪・4輪から国内航空輸送まで、多彩な輸送手段とともに、情報処理・プリント業務を兼ね備えたアイシーエクスプレス。前例にとらわれない挑戦がこれからも続く。

●長寿の秘訣

創業以来、数々の苦難を経験しながらも、時代にマッチした挑戦を繰り出し新ビジネスで難局を超えてきた。まさに運送会社というよりも、顧客に問題解決の具体策を示せる企画会社との色彩が強い。４代目の渡邉社長は、創業家やOB株主から全株式を持ち株会社で買い取る経営と資本の一致に成功。一段の挑戦を可能にする舞台は整った。

多彩な輸送手段で顧客に応える

●会社概要

設　立：1960（昭和 35）年７月
所 在 地：東京都大田区昭和島 2-4-1
事業内容：トラック・バイク輸送、航空便輸送、特殊輸送サービス、保管貨物、プリンティングサービス
資 本 金：6,800 万円
社 員 数：169 名（2018 年 12 月現在）

URL：https://www.iec-exp.co.jp/

独創技術で多様な業界に貢献する熱処理炉メーカー

株式会社赤見製作所

1924（大正13）年に墨田区で創業した熱処理炉メーカーの草分け。33年にはジュラルミン製造に必要な電気溶解炉の国産化に成功したのを皮切りに、陸海軍のほか、主要航空機・重工メーカーに次々と各種電気炉を納入、重工分野において「熱処理炉の赤見」という地位を築いた。戦後も高度経済成長を背景に、さまざまな熱処理炉を手掛け、顧客を拡大させたが、73年のオイルショック直後に入社した現社長の赤見昌彦氏のもとで、同社は大きな試練と変革の時代を迎えることになる。

●社是・理念

「独創的技術をもって社会に貢献する」
「長い歴史の中で培われた技術基盤を土台にしたオンリーワン技術と製品への一意専心こそが顧客価値の最大化を果たし、且つ当社の存在意義である」

代表取締役社長
赤見　昌彦 氏

◉選択と集中でコアコンピタンスを明確化

「設備投資の減退で、業界は熾烈な価格競争の時代に突入し、原価スレスレの受注を余儀なくされたこともある」。赤見社長は、当時の激しい買いたたきの実態をこう振り返る。収益力が低下していくなかで、同社が決断を下したのが、製造部門からの切り離し。製造は技術、品質に優れた大手加工業者に委託し、自社は開発設計業務に特化する。今でいうファブレス企業への変身だ。この決断は、経営基盤を強化すると同時に、赤見製作所のコアコンピタンスを明確化することにもつながった。熱処理炉全般に関する豊富な知見と技術力に裏打ちされたエンジニアリング集団へ脱皮を図ること。やがて第二の試練となって訪れたバブル崩壊後の低迷期、94年にトップに就いた赤見社長は、こうした自社の強みをフォーカスし、大胆な選択と集中に打って出る。数ある扱い品目のなかから、特許を取得している間接加熱方式の回転炉（ロータリーキルン）を軸にした4製品に、扱い機種を絞り込んだのだ。

エース製品の赤見式特許ラジアル炉

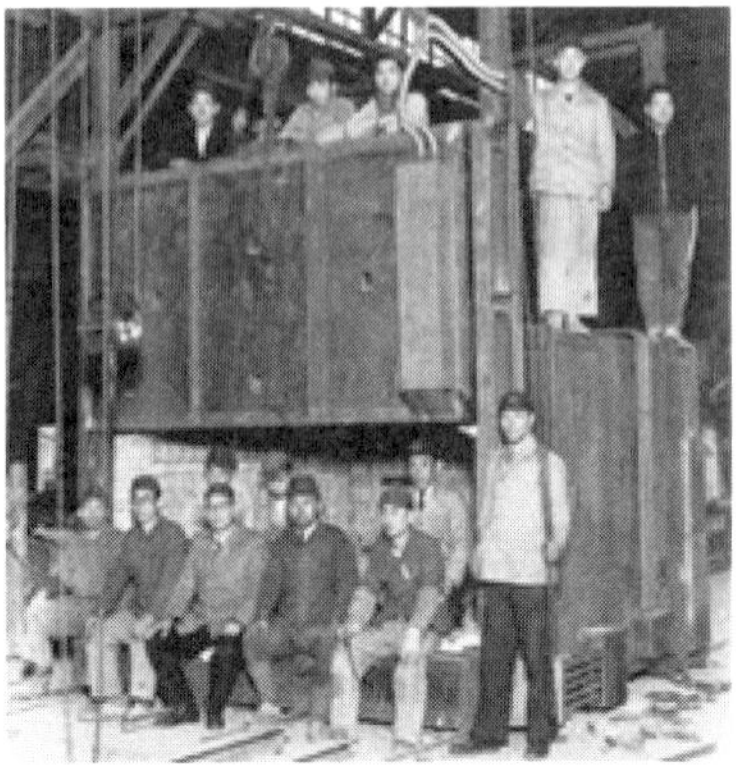
1944年、日立製作所亀有工場に納入した大型熱処理炉

もはや、熱処理炉なら何でも売って量的拡大を求める時代ではなかったこともある。だが、「当社だけが持ち得る製品技術に傾注し、磨きをかけていけば、顧客に今以上の価値を提供できるはず。そこに企業としての存在意義が生まれる」（赤見社長）という確信が、選択と集中に向かわせた。この戦略転換によって、のちに生み出されたのが、ロータリーキルンをベースにした「赤見式特許ラジアル炉」。独自開発したビーター（中芯羽根）が炉内で回転する構造で、原材料の付着を抑えて効率よく分散されるので、ムラのない均質な熱処理が超短時間で実現できる。生産効率の大幅な向上だけでなく、省エネ効果とＣＯ２削減効果を引き出せる。従来の金属の乾燥・焼成用途だけでなく、電子材料や化学、食品、環境分野など次々に新規市場を開拓し、幅広い産業分野で活躍する同社の主力製品となった。

経営環境の激変をくぐり抜け、回転炉で他社を圧倒する地位を獲得できたのは、材料に関する知識から温度制御に至るまで、さまざまな要素技術の蓄積があったこと。「ここに当社のコア技術がある。これを土台に、今後も新たな顧客ニーズに挑戦していく」方針だ。

●長寿の秘訣

みずからを「野戦に強い野武士」と称する赤見社長。入社して間もなく、飛び込み営業で商談を決めた話や、特許ラジアル炉の初号機を大手メーカーに納入したときの逸話など、氏の決断の速さと行動力を想起させるエピソードはあまたある。縮小均衡を良しとせず、蓄積された技術力と人脈を駆使して、つねに前へ前へと歩を進めてきた歴史がある。委縮した企業経営が目立つなか、企業経営のあるべき姿を映し出している。

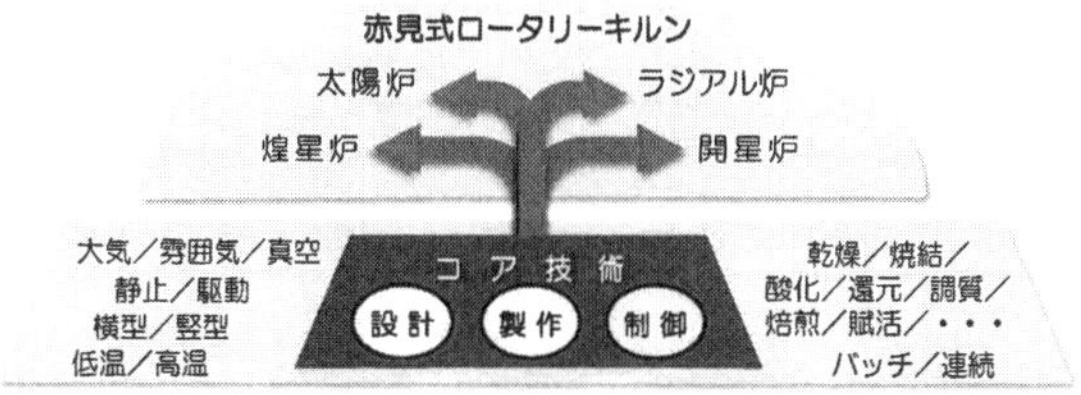

コア技術の概念図

●会社概要

創　業：1924（大正 13）年 2 月
所 在 地：東京都豊島区高松 1-11-15
事業内容：電気炉、燃焼炉、回転炉、特殊電熱装置の設計・製作・据付・メンテナンスとその他の熱関連機器の設計・製作、熱関連設備、各種熱処理に係るコンサルティング、エンジニアリング
資 本 金：3,000 万円

URL：http://www.akami-works.co.jp/

サファイヤから手掛ける屈折計のトップメーカー

株式会社アタゴ

最近の果物売り場で目に付くのが、「糖度15度以上」といった糖度表示。この糖度を測るのに使われているのが屈折計で、この装置で国内シェア約8割を持つメーカーがアタゴだ。世界シェアも約3割を占め、世界150カ国以上で使用されており、わが国有数のニッチトップメーカーといえる。

屈折計は光の屈折現象を利用して、液体中に溶けているさまざまな成分の濃度を測定する器具。多くは食品関係で利用されるが、石油化学、金属加工、健康・医療などの分野で、利用されるケースが増えている。例えば、スポーツ

●社是・理念

【社是】
私達の誇りは、
　世界の先駆者である自信と信用です。
　平和と住み良い社会作りに参加していることです。
　スポーツにより健全な精神を持っていることです。
私達の目標は、
　常に人の和を重んじ
　企業の繁栄をはかり、
　社会に奉仕することです。

【社訓】
創造しよう、前進しよう、協和しよう

代表取締役社長
雨宮　秀行 氏

選手の脱水状態を簡単に確認できる尿比重屈折計など用途は広がるばかり。ユーザーにマッチした商品を次々に投入し続けた結果、同社の製品ラインナップは、簡易屈折計だけでも約200種類に及ぶ。

◉素材加工&基板内製化で経営基盤を強化

3代目の雨宮秀行社長は、「ニッチ市場という構造的な運に恵まれた」と謙遜するが、80年近い歴史を持つアタゴには、少なくとも3つのエポックが存在する。1つは、1953（昭和28）年に現在の製品の原型となる手持ち屈折計を開発したわずか3年後に、輸出販売に乗り出したこと。いち早いシェアの獲得につながった。2つ目が、2002年の世界最小の「ポケット糖度計PAL」の開発だ。海外メーカーとの競争で生まれた小型版のPALは、その後屈折計の市場を飛躍的に拡大させ、同社の主力製品に成長した。

そして3つ目が、8年前に始めた内製化の取り組みだ。まずは電気回路系の基板実装。電気技術がないという理由で、「役員会で一度も反対された」（同）にも関わらず、大手メーカー出身の技術者を多数採用し、大胆な設備導入と

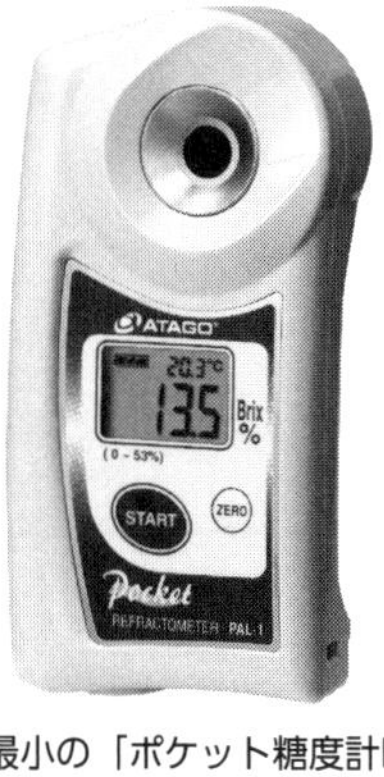

世界最小の「ポケット糖度計PAL」

グッドデザイン賞も受賞した深谷工場

合わせてこれを実現。原価率を大幅に改善する一方、顧客や市場の要求に合わせて多品種少量生産を機動的に展開できるメリットを手に入れた。もう1つは屈折計の肝であるプリズム材料になるサファイヤ。ダイヤモンドに次ぐ硬度を持つことから、長く専門業者の加工品を仕入れてきた。しかし雨宮社長は、「オセロの角を取られているような状態では、強固な経営基盤は築けない」と判断、ロボットドリルの導入など苦難の末に内製加工を実現した。さらにいま、大学や装置メーカーと共同でサファイヤ素材をゼロから創る取り組みにも動き出している。

アタゴの将来を予感させる製品がある。インラインで切削油の濃度を測る濃度計だ。ＩｏＴ環境の工作機械に取り付け切削油の濃度等を常時監視する。加工状態をモニタリングし、高効率な生産現場を実現することから、自動車関連を中心に採用が相次いでいる。雨宮社長は、「今後は単体の製品を売るだけでなく、さまざまなプラットフォームのハブになれるかがカギになる」という。同社に第4のエポックが訪れる日も近いかもしれない。

●長寿の秘訣

グッドデザイン賞にも輝いた製造拠点の深谷工場。2S（整理・整頓）が行き届き、ブルー、白、シルバーで統一された屋内は、清潔で開放感に満ち溢れ、廃棄ゼロを目指している最先端の工場だ。社員のアイデアが随所に見られるように、ここでの主役は社員＝人である。部品製造から組付け、検査、品質保証、販売、修理に至るまで、自社完結しているアタゴは、ブランドの誇りと自信に満ちている。

深谷工場の製品梱包作業場所

●会社概要

設　立：1940（昭和15）年9月
所在地：東京都港区芝公園2-6-3　芝公園フロントタワー23階
事業内容：科学機器の開発製造販売輸出並びに修理校正
資本金：1億円
社員数：日本203名、海外106名（2019年10月現在）

URL：https://www.atago.net/japanese/new/index.php

匠の技術を究め、ボールペンから宇宙ステーションまでカバー

株式会社アドバネクス

「ラーメンからミサイルまで」ならぬ「ボールペンから宇宙ステーションまで」を標榜するのがアドバネクス。ばねをはじめとする同社製品が、どれだけ幅広い分野で使われているかを表している。そんな同社の屋台骨となるのが、長年、積み上げてきた「匠の技術」だ。ロボットやAI（人工知能）が進化し、デジタル化がどこまで進んでも、数値や言葉に置き換えられないアナログの領域＝匠の世界が残ると見て、独特のものづくりに励んでいる。

「ものづくりの現場には、最後は指でこする、一なめ二なめして仕上げるといった、図面や数値では言い表せない

●社是・理念

【理念】
美しい作品の追求
【目標】
精密金属加工のリーディングカンパニー

代表取締役社長
柴野　恒雄 氏

ブラックボックスが今でもある」。工場長や生産・技術の統括責任者を歴任し、現場に精通している柴野恒雄社長は、ものづくり最前線を、そう説明する。

ブラックボックス＝最後の詰めの部分を引き受けるのが匠の技術だ。１９３０（昭和５）年の創業期、ネズミ捕り用のばねづくりから始まって以来、脈々と受け継がれ、磨き上げられた精密金属加工技術が「匠」の次元に昇華し、同社の大きな強み、財産となっている。

同社では、宮大工や刀鍛冶、和紙職人などから〝和の名人芸〟を学ぶ「匠塾」なるものを開講。名人たちから気づきを得て、強み、財産を、さらに伸ばそうとしている。一方で、工場の24時間無人稼働など、最新のデジタル技術の活用にも抜かりはない。柴野社長は「デジタルだけなら他社でもできるが、匠の世界は一朝一夕には身につかず、そこが大きな参入障壁になる」と、デジタル＋アナログがもたらす優位性を強調する。

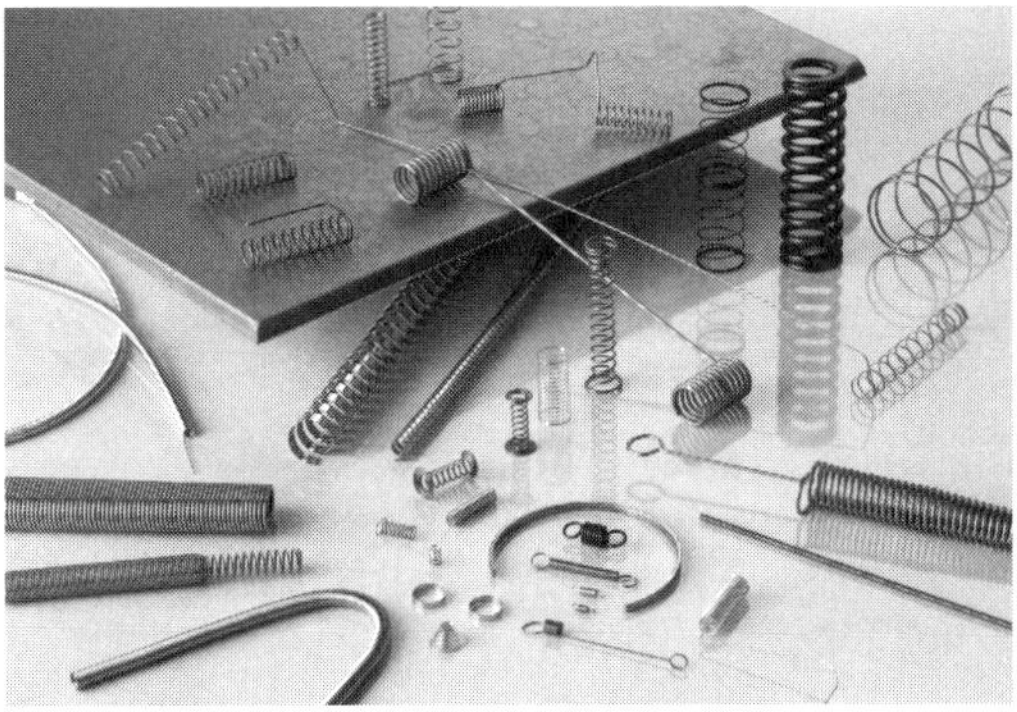

同社の代表的な製品である線ばね

ばね以外の製品「コイルスレッド」

◉目指すは〝金属加工の駆け込み寺〟

会社設立以来、加藤スプリング製作所の看板を掲げてきた同社は、2001年に現在の社名に変更した。コイルスレッド（ねじ穴の補強・補修具）やインサートモールド（樹脂と金属の一体成形部品）など、スプリング（ばね）以外の製品の比率が高まり、社名と取り扱い製品群にズレが生じたためだ。

現在、同社は『精密金属加工のリーディングカンパニー』を目標に、金属加工の分野ならどんな仕事でも「来るもの拒まず」の姿勢で臨んでいるという。14年に深絞りを得意とする企業を買収し、新たなものづくり技術を獲得したのは、目標達成に向けた布石の一つだ。柴野社長は「あそこへ行ったら何でも応えてくれると、頼りにされる〝金属加工の駆け込み寺〟を目指している」とも言っている。

●長寿の秘訣

同社は連結子会社を多数抱えており、下記の社員数の通り、社員総数は単体の5倍以上になる。連結対象子会社は15社、うち海外が14社(2019年9月末時点)。工場は国内5カ所、海外15カ所の合計20工場を有している。それにより、自動車業界をはじめとする主要顧客のニーズにきめ細かく対応できるグローバル供給体制を確立。国内市場が停滞しても、さして響かない企業体を形成している。

メキシコ工場

●会社概要

設　立：1946（昭和21）年11月
所 在 地：東京都北区田端6-1-1
事業内容：精密ばね等の製造販売
資 本 金：10億円
売 上 高：209億円（2019年3月期）
社 員 数：連結1,979名、単体365名（2019年3月期）

URL：https://www.advanex.co.jp/

創業100余年、国内シェア7割の旋回ベアリング専業メーカー

株式会社アンテックス

1917（大正6）年、初代社長の安藤熊五郎氏が、東京・深川で鍛造品を製造する安藤鉄工所を創業したのが始まり。戦後も長く船舶部品などの鍛造品を手掛けていたが、65年に大きな転機が訪れる。リングローリング鍛造と呼ばれる鍛造技術を日本で初めて導入し、現在の同社の主力である旋回ベアリング製造の礎を築いたのだ。

◉自社鍛造技術の確立と一貫生産態勢の確立

4代目となる安藤洋平社長は、「先々代の会長（安藤七郎氏＝2代目社長）が、欧州の鍛造視察で出会ったドイツ

●社是・理念

- 豊かな地球創造の価値あるサポーティング
- 積極果敢にして柔軟な発想、そしてお客様の信頼
- 旋回リング・トータルコンポーネントのプロデュース事業

代表取締役社長
安藤　洋平 氏

の技術を日本に持ち帰り、見よう見まねで設計開発したもの。ここから当社の新たな歴史が始まった」と説明する。

この鍛造技術は、円盤状にした高熱の鋼に穴を開け、回転させながら徐々に穴を広げてドーナツのようなリング形状にしていく鍛造技術で、これにより同社は建設機械用旋回ベアリング用のリング品の供給を開始した。当初は、鍛造した素材を粗削りした程度の納品形態だったが、客先からの要請に応える形で歯切り加工や高周波焼き入れ、穴開け加工、組み立てといった機械加工の領域までカバーするようになり、89年には旋回ベアリングの完成品の製造を本格スタートするに至った。これにより同社は、旋回ベアリングの一貫生産態勢を整え、国内唯一の専業メーカーとしての地位を獲得。生産拠点も東京・大田区から順次茨城県の高萩市にシフトし、同市に3つの工場を構えるまでに成長した。今では油圧ショベル用旋回ベアリングでは国内シェア70％以上、世界シェアでも40％を確保している。

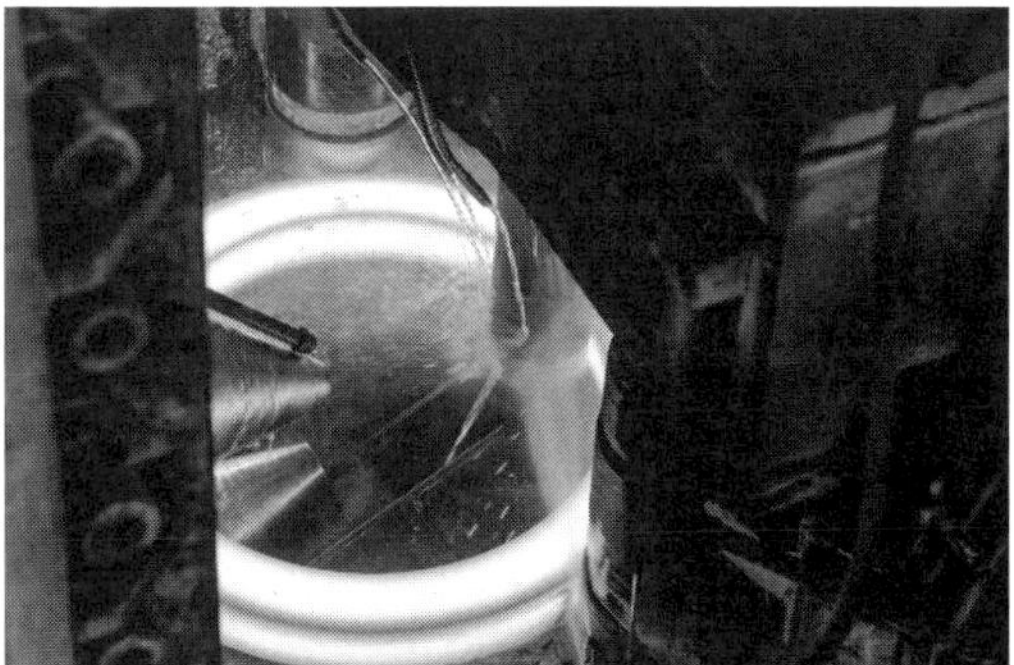

リング鍛造工程

取扱製品の例

安藤社長は、「新たな鍛造技術を導入したことも大きいが、自社の加工領域を広げて一貫生産を確立したことが大きい」と話すように、納期やコスト、細かな仕様など顧客対応力が格段に向上。建機用ベアリング以外の新規顧客も開拓できるようになり、風力発電の回転部分やはしご車、遊園地の遊具、各種方向転換装置などで実績がある。建機以外の売上比率は現在10％程度だが、これを20％程度に引き上げるのが当面の目標だ。

日立建機との合弁工場を含めると、現在は直径50センチから4・5メートルまでのサイズのベアリング供給に対応しているが、今後は、アルミやチタンといった鉄以外の材料に挑戦し、「航空機分野などの新たな市場で旋回ベアリングの用途を開発したい」（安藤社長）という。中国・上海の現地拠点を含めて、海外市場開拓も強化する方針で、創業１００年を超えたのを機に、さらなる飛躍を目指す。

●長寿の秘訣

大型旋回ベアリングの基礎となるリング品の製造に必要な鍛造技術をモノにしたことで、同社の歩む方向は大きく転回した。そして、これに安住することなく、加工領域を積極的に拡大し一貫生産体制を確立したことが、同社成長の第2段ロケットの役割を担った。根底にあるのは人と技術。量産品の自動化を進める一方で、若手社員のモノづくり研修施設となるトレーニングセンターを10年前に立ち上げるなど人材教育も怠らない。100年経営の実績は、持続成長のカギがどこにあるかを示している。

高萩工場全景

●会社概要

創　　業：1917（大正 6）年 8 月
設　　立：1938（昭和 13）年
所 在 地：東京都港区高輪 2-15-19
事業内容：・旋回ベアリングの設計、製造、販売
・リング鍛造品の設計、製造、販売
・溶接構造歯車の設計、製造、販売
資 本 金：5,000 万円
売 上 高：107 億円（2019 年度）
社 員 数：317 名（2019 年 12 月末）

URL：https://www.antex.co.jp/

通信と計測技術を生かし、IoT分野に注力

岩崎通信機株式会社

通信・印刷・計測の3事業を展開する岩崎通信機は、急速に進む工場・オフィスでの人手不足や働き方改革、新価値創造といったニーズを受けて、これまでに培った技術を活かし、IoT（あらゆるモノをインターネットにつなぐ）やAI（人工知能）の分野でさまざまな課題を解決する商品開発に挑戦している。

◉新事業・新市場開拓に挑戦

1938（昭和13）年に軍用秘密電話機や国からの要請で開発した搬送電話機の製造を目的に設立した。その後、

●社是・理念

【当社のミッション】
あらゆる人やモノを繋ぐコミュニケーションで、生きがい溢れる社会創りに貢献する

代表取締役社長
社長執行役員
西戸　徹 氏

陸軍から電波探知機（レーダー）の研究を命じられ、当時は農地だった杉並区久我山の広大な敷地に本社工場を建設。「工場で働く若者に教育を」と創業者の岩崎清一は、岩崎学園（現 国学院大久我山中学・高校）も設けた。

軍需指定工場だった同社は終戦で経営難に陥ったが、電話機を製造することで民需へ転換、47年に3号電話機（黒電話）を逓信省（現NTT）に納入したのを皮切りに、50年には業界初のベルトコンベアによる電話機量産体制を確立した。59年には電話交換手のいらない日本初のボタン電話機を商品化し、オフィス向け通信機器で業界をリードする存在となった。また、54年に国産初のオシロスコープを開発、保安庁（現防衛省）に納入し、新たに電子計測器事業をスタートさせた。現在では自動車の電動化をにらみ、超高電圧・大電流に対応したパワーデバイス用測定器も商品化している。

さらに57年ごろ、新事業アイデアを探るため米国を視察し、電子写真の技術に着目。その技術を印刷向けに応用して61年に乾式電子複写製版機を商品化し、現在の情報通信・電子計測・印刷システムの3事業部門体制を整えた。

「3分野で培った技術を新商品に応用できる点が最大の

情報通信の主力商品
ビジネスホン「Frespec（フレスペック）」

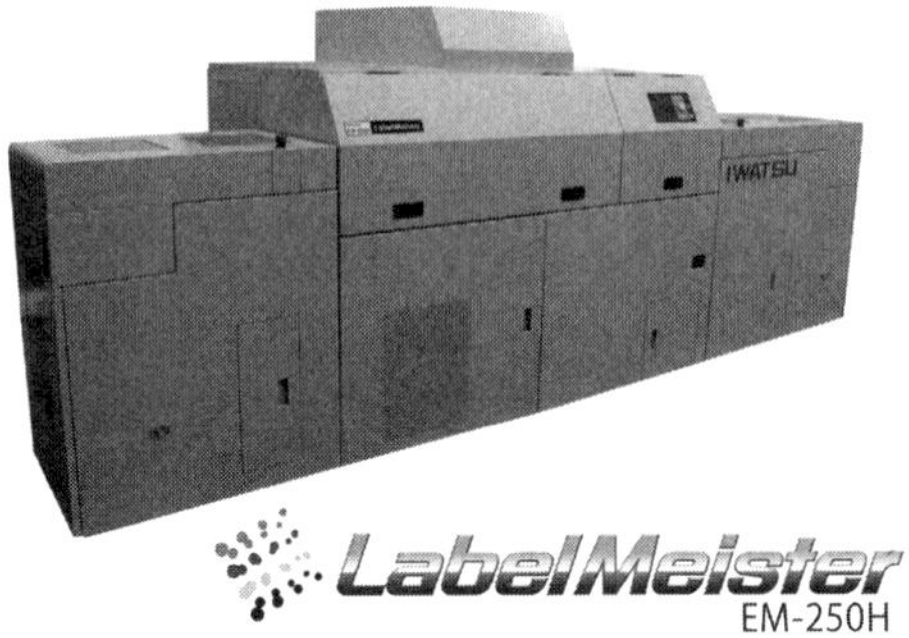

印刷システムの主力商品
デジタルラベル印刷機「LabelMeister(ラベルマイスター)」

強みだ」と岩崎克彦経営企画部長。例えば、無線通信技術とセンサ技術を組み合わせて２０１９年10月にサービスを始めた遠隔残量監視システム「ＥｙｅＯｗｌ」（アイオール）。センサで読み取った燃料タンク内の残量情報を無線でクラウドに伝送し、離れた場所から残量確認やデータ分析を可能にする。ビニールハウス栽培で燃料切れの見落としにより農作物が損失する課題や燃料の配送効率改善に向け、宮崎県の農協などとの実証試験を経て事業化した。

メータ自動読取りソフトウェア「計器読む像」もユニークな工場向けＩｏＴだ。既存設備のアナログメータなどをＡＩ技術によりカメラで読み取り、メータ値をデジタル化して遠隔常時監視を可能にする。現場の巡回・確認作業が省け、低コストにＩｏＴ化を実現する。

同社は18年に創業80周年を迎え、19年～21年度の新中期経営計画「Ｄａｓｈ！ ２０２１」を策定した。３年後の年商２４０億円を目指し、新分野の商品・ソリューション開発に注力している。

●長寿の秘訣

屋台骨である通信分野のイメージが強いが、「全国の工業系大学・高校でオシロスコープなどの当社製電子計測器が活躍しており、産学連携や人材採用面で有利に働いている」と高宮嘉康総務人財部長。国産初のオシロスコープをはじめ新分野の開拓に挑戦し続けたことが長寿の秘訣だろう。19年４月にAIなどの先端技術を強みとするNSD先端技術研究所（東京都千代田区）に出資したのをはじめ、大学や他社と協業するオープンイノベーションを推進する。

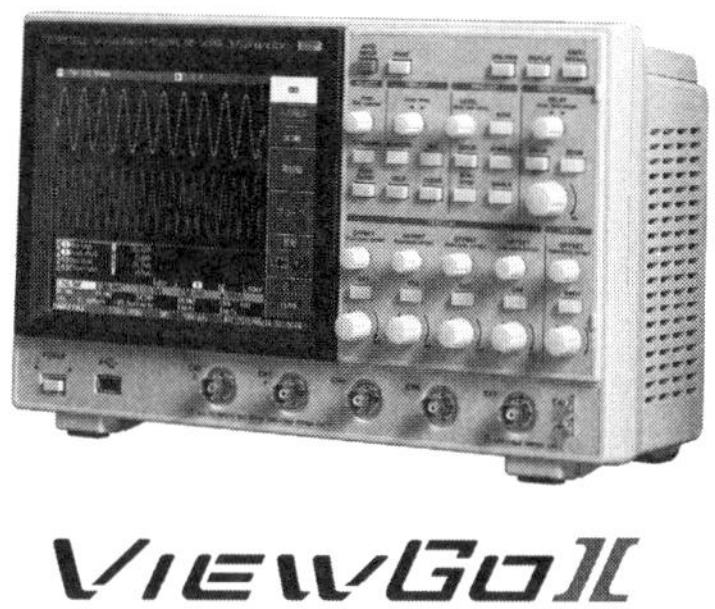

デジタル・オシロスコープ
「ViewGo Ⅱ(ビューゴ)」DS-5600Aシリーズ

●会社概要

設　立：1938（昭和13）年８月
所 在 地：東京都杉並区久我山1-7-41
事業内容：・情報通信、電子計測、印刷分野の機器の開発、製造、販売及びサービスの提供・不動産の賃貸等

URL：https://www.iwatsu.co.jp/

決して老いない組織づくり一世紀事業所めざす

株式会社印南製作所

印南製作所は、包装・梱包機械を主力に「全自動ポスター巻き機」、メール便高速梱包機械「エコメールパック」などのオリジナル製品の開発・設計・製造を手がける。「断らない印南」をモットーに省力機械メーカーとして顧客のニーズに徹底的に応える。オートメーション・システム・クリエーター集団は、創業65年を目前に、時代とともに変革し、決して老いない企業であり続け、一世紀事業所をめざす。

●社是・理念

EVER YOUNG

若年層の血潮を多く取り込み、しなやかで柔軟な“血管”を持ち、老いない企業をめざす。社歴を重ねても成長し続け、一世紀事業所をめざす。

代表取締役

印南　英一 氏

◉「断らない印南」がつくる包装・梱包機械と開発型製品

同社は、金属加工業からスタート、蓄積した資本と機械技術を活用、食品包装機械メーカーに成長させた。業種転換に際し「断らない・諦めない・へこたれない」の3原則を制定。全社にこの精神を徹底させた。顧客の要望を優先して、他社が断るほどの難題な製品にも挑み、開発製品は、いずれも市場にない新規性に優れたものばかりだ。「エコメールパック」は緩衝材不要で製品を保護できる専用封筒を採用した高速自動梱包機械で、環境性も考慮した。巻き取り機構を独自開発した「全自動ポスター巻き機」はA3～B1サイズのポスターを高速で巻き取り、同一の外径でテープ貼りができ、新市場創出を果たした。このように、同社のビジネスモデルは、大企業が手掛けないニッチ市場対応型製品で形成されオンリーワンの強みを持つ。

ポスト投函型薄箱自動梱包機

ビジネスターゲットを絞り〝狭域・高密度〟ビジネスを展開している。こうした事業活動から開発された「折り曲げ式ダンボールパッド・シュリンク包装機」は独自のジャストフィッティング機構で、宅配箱内に低コストで梱包することを可能にし、これが新たな需要を創り出した。ECサイト利用や店舗配送サービスが拡大しているが、この種の市場は、ほとんどが手作業で行われて、これに対応した自動化ニーズが急拡大している。大手通販サイトから、この種の作業を自動化する機械の開発を要請された。「ポスト投函型薄箱自動梱包機」は業界初の薄箱タトウ式ダンボール梱包機械で、早くもリピートオーダーが寄せられている。

全自動ポスター巻き機

同社の場合、企画提案から機械・制御設計、部品製造、組み立て、据え付け、オペレーター教育、保守・サービスに至るまで〝オール内製化〟しているため、直面する市場の変化に対し、スピーディーに対応ができ、有利にビジネス展開している。

現在、20歳から73歳までの社員・幹部が在籍。「様々な世代・時代・価値観を共有し、〝和〟を大切にして、子供が入社したい会社にしていこう」という創業の精神が根付いている。

●長寿の秘訣

本社・製造拠点は、都内に集約しており住宅地に隣接。地域との共存のために外観はもとより、防音、異臭、遮光、振動などに十分配慮している。小・中学校生を対象にした工場見学会、25年の長きにわたりインターンシップも受け入れている。材料調達などの取引先とは継続的に親睦し、研修・意見交換会などを定期化し、従業員とは季節ごとの誕生会、社員会の設置、全社員参加による記念行事で、結束を強めている。

折り曲げ式ダンボールパッド・シュリンク包装機

●会社概要

創　業：1957（昭和 32）年 3 月
所 在 地：東京都足立区宮城 1-12-22
事業内容：食料品自動包装機械製造・販売、全自動ポスター巻き機などオリジナル製品・開発・販売
売 上 高：15 億 1,150 万円（2019 年度）
社 員 数：65 名（2019 年 9 月現在）

URL：https://www.innami-factory.co.jp

パイオニア精神で変化を続ける類まれな商社

株式会社内田洋行

2019年度は、ICT関連事業の売上比率が7割近くを占める勢いにある。電機・通信関連ビジネスを営む会社の話ではない。製図器や学校教材、オフィス家具などで知られてきた、この2月創業110年を迎えた専門商社、内田洋行のビジネス形態の話だ。

創業者は、佐賀県多久藩士の次男として生まれた内田小太郎氏。若くして逓信省に就いたのち、日清戦争直後の台湾で測量隊員として台湾全土を巡り、従軍志願した日露戦争の終戦で満鉄社員となるものの4年後に独立、大連市で満鉄に測量・製図器械を販売する会社「翠苔号」（現内田

代表取締役社長

大久保　昇 氏

●社是・理念

【企業理念】

人間の創造性発揮のための環境づくりを通じて、より豊かな人間社会実現のために貢献し、企業の繁栄と社員の幸福を実現する。

【グループビジョン】

情報の価値化と知の協創をデザインする

洋行）を設立した。その後、満洲を中心に20拠点に展開、国内では技術者必携と称された「ヘンミ式計算尺」の国内総代理店を取得するなど、持ち前のパイオニア精神で次々に新規事業を打ち立て業容を発展させたが、敗戦とともにすべての資産を失ってしまう。

◉新たな事業に次々踏み出すＤＮＡ

それでも内田洋行の挑戦は続いた。「戦後復興には科学教育の振興が不可欠」として、終戦から早くも代理店を募集し、全国の学校に計算尺を普及させるが、ＧＨＱの方針によって突如計算尺が不採用となると、今度は顕微鏡などの科学教材の販売に転換し、現在の同社の教育関連ビジネスの基礎を築いた。「創業者のパイオニア精神が当社のＤＮＡ。次々と新たな事業に踏み出すＤＮＡが、戦後も脈々と受け継がれてきた」（大久保社長）という。57年にカシオ計算機が同社に持ち込んだリレー式計算機製品も、その典型。「これからの事務作業は計算機に変わる」と決断し、在庫リスクを覚悟して総代理店契約を締結、これが同社のコンピュータ分野進出の先駆けとなった。カシオとの契約はやがて解消されたが、

内田洋行・中国大連支店
（昭和６年頃）

ICT やクラウドを活用した未来の学習空間
「Future Class Room」

62年には国産第1号コンピュータの開発に携わっていた技術者らが立ち上げた宇ノ気電子工業に経営参画し、オフィスコンピュータ「ＵＳＡＣ」を発表、オフコンを軸にした同社の情報事業を本格スタートさせている。

商社という立ち位置があるものの、これら多様な業態変化を可能にしているのが、顧客との接点の存在だ。「単にモノを仕入れて販売する商社と異なり、エンドユーザーを持っていることが大きい」（同）と、解説する。世の中に役立つ新しいモノを提供していくパイオニア精神は、同時に使い方や効用をエンドユーザーに啓蒙していくビジネスでもあり、それが要所の市場ニーズを獲得することにつながった。

90年代には、知的生産性向上を標榜し、ＩＴを基盤に環境構築を融合するエンジニアリングに、そして２０００年代にはインターネットの普及から働く場、学ぶ場でのユビキタス空間構築に挑戦。現在はＩＣＴを基盤に「働き方変革」「学び方変革」「場と街づくり変革」でサービスやデータ活用にも取り組む。バブル崩壊、金融危機、リーマン・ショックに見舞われても同社に息づくパイオニア精神は健在で、これからも発揮されるに違いない。

●長寿の秘訣

パイオニア精神で変化を厭わない決断とともに、同社の底流にあるのが、顧客重視の考え方だ。インターネットが普及し始めた90年代から、同社は一気にICTビジネスを拡大したが、それまでのビジネスが培った歴史的な顧客資産を中心として、これからのニーズを考えるがゆえに、必然の選択であったにすぎなかった。110年の歴史をなかで、さまざまにビジネスを変えてきた内田洋行は、大局観をもった経営判断とともに地に足のついた経営が重要であることを知っている。

110周年記念ビジュアル

●会社概要

創　　業：1910（明治43）年2月
設　　立：1941（昭和16）年5月
所 在 地：東京都中央区新川2-4-7
資 本 金：50億円
売 上 高：連結1,643億8,600万円（2019年度）
事業内容：公共関連事業：教育系イントラネットやクラウド・サーバ構築、学習環境の設計、デジタルコンテンツ配信サービス、官公庁等のシステム構築。：オフィス家具の企画・開発、オフィス空間設計・移転ビジネス、「働き方変革」コンサルティングサービス、会議室の運用管理。情報関連事業：ITインフラ構築・クラウド導入支援・ネットワークアプリケーション／ソフトウェアマネージドサービス、IT資産管理、中堅中小企業向け基幹システムの販売
社 員 数：連結3,169名（2019年7月現在）

URL：https://www.uchida.co.jp/

進取の気風を持ち味にする気象計測機器のトップランナー

英弘精機株式会社

英弘精機は気象計測機器のトップランナー。太陽の日射量を測定する「日射計」や、赤外・紫外線の放射量を測る「放射計」などで国内シェアのほとんどを占める。同社の製品は気象庁のアメダス観測網にも導入され、国内外で広く利用されている。2000年初頭には日射計で培った技術を応用して太陽電池の性能評価の分野にも進出。国内だけでなく海外での販売にも力を注いでいる。

同社は1927（昭和2）年、創業者である戸澤弘と椎名英二の両氏により、当時の日本では珍しかった顕微鏡など、科学機器を扱うドイツ企業の輸入代理店としてスター

●社是・理念

「進取の気風」
グローバル＆ベンチャースピリットを持ち続け、社員が自立して活躍することで会社の成長に結び付ける。

代表取締役社長
長谷川　壽一 氏

ト。社名の「英弘」は二人の名前に由来する。

その後も、海外の科学計測機器メーカーと販売・技術契約を結び、国内への技術の入口の役割を果たす中で、自社による計測機器の開発にも取り組み、技術を磨いていった。55年には国内初の「全天日射計」を開発、90年には世界初となる「UV－B紫外放射専用測定器」を開発するなど、気象計測機器の分野で成果を積み上げてきた。

◉太陽電池の評価で世界へ挑む

英弘精機には、「創業時からの〝進取の気風〟が根付いている。世界を視野に入れたグローバルな視点を持ち、チャレンジ精神で取り組む姿勢」と、3代目社長の長谷川壽一氏は語る。この気風が新たな製品を生み出す原動力だ。

そして今、さらなる飛躍をしようとしている。「気象計測機器は、特殊な分野に需要が限られる製品。国内シェアを占めたと

第16回「勇気ある経営大賞」特別賞を受賞

主力製品のひとつ「分光放射計」

しても、さらに成長するためにはグローバルでの展開が不可欠」（長谷川社長）。

そこで同社では、世界的に需要が増す太陽電池周りの分野に着目。気象分野で培ってきた技術を活かし、自社開発の太陽電池評価機器で世界に挑んでいる。試験所及び校正機関認定のＩＳＯ１７０２５を「直達日射計と全天日射計の校正」などで取得し、〝校正証明書の発行〟という世界に通用する資格を手に入れた。これにより、同社の太陽電池評価製品の信頼性が世界的に証明できる。どれだけの日射量でどれほどの発電量を生み出せるか、世界中の太陽電池の実力を測るためになくてはならない機器となった。

太陽電池の用途は今後も拡大していく。砂漠や寒冷地など、地域によって日射量に違いがあり、太陽電池評価機器の必要性が増す中で、進取の気風を持つ同社は、太陽電池の追い風に乗って世界への飛躍を始めた。

●長寿の秘訣

積極的にグローバル展開を進める英弘精機。米国現地法人に続き、オランダに設立した欧州法人では、販売だけでなく日本の技術者との共同研究も実施している。「日本で開発した製品をそのまま輸出しても使えないこともある。開発段階から現地化して一段のグローバル対応を進める」（長谷川社長）方針だ。アジア各地についても、現地人材を配置し本格的な市場開拓を進めており、今後も開発販売両面のグローバル化を加速させる見通しだ。

本社社屋の正面外観

●会社概要

設　立：1927（昭和 2）年
所 在 地：東京都渋谷区幡ヶ谷 1-21-8
事業内容：理化学機器、計測機器、光学機器の製造および輸出入販売
資 本 金：4,000 万円
社 員 数：90 名（2020 年 1 月 1 日現在）

URL：https://eko.co.jp/

「社員の幸せ」を追求して「世界で一つだけ」のメーカーに

株式会社オーツカ光学

オーツカ光学は外観目視検査の分野において欠かせない、様々な倍率で多くの製造現場に対応できるバリエーション豊富な照明拡大鏡を生産している。大塚太土社長は、「照明拡大鏡を国内で自社生産しているのは当社だけ。専業となると海外にもないのではないか」という。高精度に加え、使用者に優しく高耐久性、高品質が製品開発のモットーだ。例えば「低価格の輸入品が1年前後で故障してしまった」「使いづらくて、もっぱら照明としてのみ使用している」といった顧客の声に対し、「当社の製品はしっかりメンテナンスしていれば、30年でも使える。長時

●社是・理念

社員とその家族の安定した幸せな生活を実現し、物心ともに活力あふれた、オーツカ光学に関わる人たちが集う大切な場所になることを目指します。

代表取締役社長

大塚　太土 氏

間使用しても疲れが少ない高品質が強み」（大塚社長）とアピールする。

◉創業者の作業用に開発した照明拡大鏡

創業は1939（昭和14）年、2019年に80周年を迎えた老舗企業だ。大塚社長の祖父に当たる大塚秀治氏が大塚製作所を設立した。当初は国内大手カメラ用交換レンズの下請けだったが、旧石川島重工業（現・IHI）の旋盤工だった秀治氏が手がけた「大塚ネジ」は、他の誰も作れないほど精度の高いネジだったという。

同社の転機となった商品が、57年に発売した「オーツカ照明拡大鏡」だ。開発のきっかけは、工場の暗がりで加工した精密部品のチェックをする秀治氏のため。レンズに20ワットの蛍光管を組み込んだ照明拡大鏡は、翌58年に実用新案を取得。最初は直売だったが、代理店方式を導入し、全国販売に乗り出すと販売量は飛躍的に増加し、「オーツカの照明拡大鏡」は広く製造現場に浸透していった。

経営の転機は2008年に起こったリーマン・ショックで、売上高は3分の1にまで落ち込む。03年に就任したばかりの大塚社長は、自身の病気も重なり、このとき「経営とは社員を幸せにす

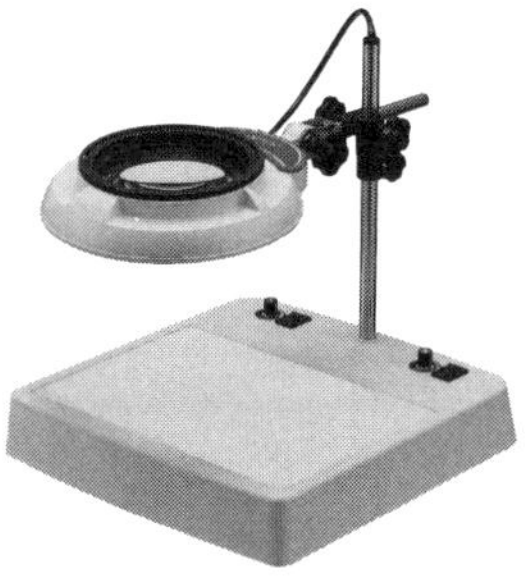

照明拡大鏡

本社外観（品川区）

ること」だと痛感し、ユニークな補助金つきの結婚記念日休暇や育休明けの時短勤務など、福利厚生を充実した。一方で、経営が安定しなければ、社員を幸せにすることはできないと確信し、「経営計画書」を作成して、これを毎年更新していく新たな経営スタイルを持ち込んだ。例えば「5年で売上高を2倍に引き上げる」という目標を立てれば、達成のためにどんな問題点があり、どう動くべきかを具体的な行動計画に落とし込む。

あわせて社内の作業環境の整備にも力を入れた。日頃の整理整頓はもちろんのこと、社内の搬送で障害になるとわかれば、壁を取り壊してムダを省く。「ここにあるものは、ここに存在していいのか？」を社員に毎日1分1秒でも考えてもらい、課題や問題点に気づいてもらう流れを作る事。それを社内でコミュニケーションをとりながら改善、解決していく。「人の気持ちを統一するのは難しいが、モノの統一は目に見えて出来る。モノの統一を通じて会社と社員の方向性を一致させる」（大塚社長）試みでもある。こうした取り組みで離職率は低下し、20年勤続の社員も珍しくなくなった。社員が一丸となることで独自の技術と開発力を生み、同社のユニークな製品づくりを支えている。

●長寿の秘訣

同社の強みは製品だけではない。照明拡大鏡を使う外観目視検査における強力なサポート体制もその一つ。「不良品の検出方法がわからない」「現場の検査効率を改善したい」といった顧客の悩みに、営業・生産・設計部門が一体となってサポートし、全国の製造現場に直接訪問するケースもあるという。業界に先駆けて、高価格、高品質のLEDチップを採用しつつも、LED特有の違和感を与えないよう細やかな製品開発を忘れず、価格上昇を抑えるための原価低減も怠らない。すべてに徹底した顧客本位の姿勢が貫かれている。

ショールーム

●会社概要

設　立：1939（昭和14）年1月
所 在 地：東京都品川区小山1-1-4
事業内容：照明拡大鏡製造・販売、検査用照明装置製造・販売、光学機器輸入・販売
資 本 金：2,850万円

URL：https://www.otsuka-op.com/

絶え間ないチャレンジで成長続ける「100年企業」

株式会社オカモトヤ

東京を代表するオフィス街の東京・虎ノ門に、オカモトヤの本社はある。同社の祖業は写真館。創業者の鈴木千里・やす夫妻は、やがて写真から派生した動画撮影や活動写真（映画）の興行にも進出した。しかし「水モノの興行は長続きしない」と、新たな事業を模索する。

◎文具販売から印刷、オフィス家具へ新事業を展開

そこで1912（明治45）年に硯や筆、和紙などを販売する「おかもと洋行」を買収し、「鈴木紙文具店」を開店。千里・やす夫妻の長男である安二・よ志夫妻が文房具販売

●社是・理念

【社是】

誠実・和・開拓精神

【企業理念】

- 我々はお客様の仕事を理解しその事業に役立ち、社会の発展に貢献しよう。
- 我々はお客様と取引企業を大切にし、誠意と創意をもって時代の変化に挑戦し、信頼される企業を目指そう。
- 我々は基本を大切にし、全員の経営参画で豊かな生活と品格ある企業を創ろう。

代表取締役社長

鈴木　眞一郎 氏

に乗り出す。

後に社名を買収した企業にちなんだ「オカモトヤ鈴木商店」に変更。印刷事業にも参入し、軍の指定印刷工場になるなどビジネスを拡大した。東京大空襲で被災するが、当時社長だった和男氏が戦地から復員して事業を再開する。

和男氏は欧州・アメリカの視察に参加した際、書類の移動式保管庫を見かけた。「オフィススペースを有効に使える移動式保管庫は、日本のオフィスでも必需品になる」と考え特許を取り、1963（昭和38）年に国産化に乗り出した。すると日本銀行はじめ日本を代表する大企業が導入し、たちまちヒット商品になる。

さらに和男氏の長男で現社長の眞一郎氏が、次なる課題に挑む。86年に社内基幹システム「OASIS」を稼働したのだ。顧客の受注状況や出荷状況、納品状況、仕入先との買掛情報、請求状況、入金情報などを一元管理できる画期的な情報システムだった。これにより顧客に合った最適の営業提案ができるようになり、ユーザーから絶大な信用を得ることになる。

1912年に鈴木紙文具店を開店

一方、オフィス家具でも新たな挑戦があった。1994（平成6）年に完成した第2オカモトヤビル内にライブオフィスを開設したのだ。「実際のオフィスを見せる」ことで、顧客に説得力ある提案ができるようになった。

今、オカモトヤはオフィスの改善を通じて「働き方改革」の実現を支援している。同社のライブオフィスには多くの見学者が訪れる。こうした高い評価を得た背景には、社員のレベルアップに向けた人材育成の取り組みがあった。

本社には「未来に挑戦」と題して全社員の個人目標と業績目標を貼り出し、共有して励まし合っている。功績があった社員を互選する、ユニークな表彰制度「パワー賞」も。

1963年に販売開始した新製品「スライダック」

オフィス環境はこれからも激変する。「社員も会社も変化していく必要がある」と眞一郎氏は断言する。写真から映画、文具販売、印刷、オフィス家具、空間提案と、新たなビジネスに挑戦してきたオカモトヤ。これからも変化を恐れず、果敢な挑戦を続けていくだろう。

●長寿の秘訣

「100年企業になれたのは運が良かったから」と、鈴木眞一郎社長は笑う。東京都心が壊滅した関東大震災では、ぎりぎりで延焼を免れた。東京大空襲で建屋は全焼したが、地下の印刷工場が無事だったため終戦後すぐに操業再開ができたという。だが、運が良いだけで生き残れるほど甘くない。オカモトヤは100年以上も前から社員を大切にしながら、余裕のある段階で新たな事業に挑戦してきた。そうした地道な努力が強運につながっているのだ。

ライブオフィス「OACIS　オアシス」

●会社概要

設　　立：1912（明治45）年6月、前身の鈴木写真館は1882（明治15）年創業
所 在 地：東京都港区虎ノ門1-1-24
事業内容：文具、事務用品、ＯＡ機器、オフィス家具の仕入・販売、印刷物の販売
売 上 高：78億5,300万円　（2018年度）
社 員 数：145名（2019年11月1日現在：派遣・アルバイトを除く）

URL：https://www.okamotoya.com/

独自技術で最先端を行く表面熱処理技術の総合メーカー

オリエンタルエンジニアリング株式会社

自己資本比率は72％を上回り、昨年の賞与は6カ月支給で、新工場建設も全額自己資金。前期の主たる財務指標は過去最高の水準を更新した。よほど〝儲かるビジネス〟を思い浮かべるかもしれないが、社員160人（会社規模：大会社）の表面熱処理技術総合メーカー、オリエンタルエンジニアリングの横顔だ。ところが同社の技術は半端ではない。世にない数々の熱処理炉を独自技術で開発し、最先端の表面熱処理技術を持つ会社として、国内外の自動車業界を中心に、同社の存在は広く知られている。「つねに先手、先手の技術開発で、世界に先駆け製品化してきた」

●社是・理念

我が社は国際的視野に立ち科学技術を通じ社会の発展に貢献し常に斯界のパイオニアとして限りない前進を続ける

代表取締役
河田　一喜 氏
博士（工学）、技術士（金属部門）

（河田一喜社長）結果でもある。

◉世にない製品を次々に開発

設立は１９５２（昭和27）年。東京工業大学出身の創業者大友弥栄氏が、自身の研究成果を用いた熱処理加工を始めたのがきっかけだ。同社が飛躍する転換点は、65年に開発した滴注式ガス浸炭窒化炉の開発。浸炭窒化は、金属の表面に炭素と窒素を同時に浸透させて、金属表面の強度を上げる熱処理だが、ガス発生炉により浸炭ガスの生成を必要とするアメリカから技術導入された従来方式に比べ、容易に浸炭できるメタノール滴注方式を日本で独自開発し、爆発的な受注を獲得した。海外からも技術提携の話が多く舞い込み、これが現在の中国（88年に合弁、10年に中国深圳市場で上場、現在20関連会社）、マレーシア（96年に合弁）の合弁事業につながっている。

さらに同社の知名度を高めたのが、86年の量産型のプラズマＣＶＤコーティング装置の開発。表面熱処理にプラズマを用いる構想は以前から存在し、実際に半導体関連などで平板上のシリコンウェハーに成膜する装置はあったものの、三次

量産型プラズマCVD装置
（ハイテクセンターA棟内）

元の立体形状に成膜できる装置はなかった。大手メーカーが相次ぎ撤退していく中で、同社が世界で初めてこれを商品化し、複雑形状の金型などでも均質な成膜を初めて可能にした。開発の当事者だった河田社長は、「各社が欧米の装置をもとに開発したのに対し、当社は独自の技術で挑んだ」とし、借り物の技術では、自社の競争優位は保てないことを強調する。

現在、同社の事業は、浸炭窒化炉をはじめとする各種熱処理装置の販売・メンテナンスと、これら自社装置による受託加工が柱。ただプラズマＣＶＤコーティング装置は、他社販売せず、あくまで社内に導入した設備で受託加工する事業形態に留める。輸送費が掛かるにもかかわらず海外からも加工依頼があるほど、顧客に高付加価値をもたらす表面処理サービスとなっている。最近では、「ブラックパールナイト」と呼ばれる低温で窒化＋酸化をベースとした新たな表面処理技術を開発、大手自動車メーカーに採用されたほか、17年には研究開発拠点を兼ね備えた川越第二工場（ハイテクセンター）を稼働させ、自動化と環境に配慮した新たな最先端表面処理加工拠点として、順次拡充していく考えで、最先端を行く同社の熱処理技術が一段と注目されそうだ。

高度分析計
（ハイテクセンター研究開発棟内）

●長寿の秘訣

「東京工業大学 製造中核人材育成講座 金属熱処理スーパーマイスタープログラム」に毎年受講者を送り込み、中核人材の養成に余念がない。だが河田社長は、「技術はあっても、それを製品開発に落とし込むのが難しい。設備部門と加工現場と研究開発が近いことが当社の強み」と解説する。大企業にありがちな縦割りの構図は存在しない。だから、いち早く世にない新しい装置が作り出せる。今後は工場と研究を一体化したハイテクセンターが、新たな成果を生み出すことになるだろう。

川越第二工場（ハイテクセンター）

●会社概要

設　立：1952（昭和 27）年 8 月
所 在 地：東京都荒川区西日暮里 2-25-1-902
事業内容：金属熱処理設備の製造販売・メンテナンス、金属熱処理の受託加工、プラズマ CVD コーティング受託加工
資 本 金：8,000 万円
社 員 数：160 名（2019 年 12 月現在）

URL：http://www.oriental-eg.co.jp/

「曳家」工事で大事な建物を残す技術者集団

株式会社恩田組

建物をそのままの状態で平行・上下移動させて別の場所に設置する建築工法を曳家《ひきや》という。主に再開発や区画整理に伴う移動や文化財など歴史的建造物の保存などに活用される。解体・再建築や建て直しに比べて安価なことから古くから行われている。1891（明治24）年創業の恩田組は全国的な曳家技術の向上と発展に貢献しながら「環境と住文化の保存」を掲げて社会に貢献する。

◉木造建築物・ビルの移動から地盤沈下修正まで

神社・仏閣、城など文化財の移動で目にすることが多い

●社是・理念

【社是】

環境と人と住文化の保存

【理念】

信頼と安心は最高の技術と確実な保証より生まれる

代表取締役会長
恩田　忠彌 氏

曳家だが、一般の住宅でも再開発事業に伴って移築する例は多い。恩田組が手がける工事は、曳家で年30件前後、沈下修正で年100件前後、文化財の解体移築が年1～2件。公共と民間の比率はほぼ半々だ。住宅の曳家では、その7割が基礎ごと移動させる工法「姿曳き」。「基礎共移動」ともいい、家財道具もそのままのため住んでいるまま移動できる。もちろん一時的な住人の引っ越しは不要という。残り3割は上屋だけを移動させる「上屋曳き」や「腰付工法」と呼ばれる工法だ。

工事は原則、自社施工。1つの現場施工に約10人が携わる。親方1人に、子方と呼ばれる親方補佐が2～3人、15人程度の作業員でこなしていく。現場は関東地方を中心に全国に広がる。災害復旧工事やマンション・ビルの免震ゴムの入れ替えなども手がけている。公共工事関連では多くがゼネコンの下請けとして工事

文化財や伝統建築物を曳家で移設する

建物の沈下修正の施工現場。基礎からがっちり補強していく

を受託。このため工事実績を広くアピールしにくいのが悩みという。

会社が力を入れているのが人材育成だ。3代目社長で現在会長の恩田忠彌氏は「昔は仕事は『見て盗め』と言っていたが、今の時代はマニュアルを含めて丁寧に教えていくのが当たり前」という。毎月1回は勉強会や講習会を開催。それでも、曳家工事は現場ごとに手順や使う道具は千差万別であり、入社3年で作業者、5年で子方、7年で親方、10年で大型案件の親方という経験が必要だ。

一方で、恩田会長は、一般社団法人日本曳家協会を2002年に立ち上げて技術向上と社会的地位の向上に取り組んでいる。「曳家技術士」という資格の公的資格化はその中心で、現在会員は61社。また、住宅用拡翼鋼管杭「ガチラ」を開発し住宅基礎の強化に努めている。

●長寿の秘訣

機械化の難しい施工だけに、人材確保・育成は重要な課題。社員の定着に向け、50年前から国内や海外旅行を実施するなど社員の心を砕く。そして、3カ所の自社ビルや資材置き場など7カ所ある自社不動産が財務体質を支えている。会長の忠彌氏、5代目の社長である徹道氏のリーダーシップで伝統をつないでいくことだろう。

恩田組本社ビル（東京都千代田区六番町）

●会社概要

創　業：1891（明治24）年4月
所 在 地：東京都千代田区六番町1番地　恩田第3ビル
事業内容：曳家（建造物の移動工事）、建造物沈下修正工事、移築解体工事など
売 上 高：約11億円（2019年度）
社 員 数：約40名

URL：http://www.ondagumi.co.jp/

現場主義を極めたクレーンの専業メーカー

京和工業株式会社

「そろそろ工場をなくして、メンテナンスで行ったらどうですか」―。取引金融機関の担当者にこう進言されて、若き久保克社長は気色ばんで切り返した。「それではウチはメーカーではなくなる。工場はなくさない」。今から約20年前、新規受注が減少し赤字経営に直面していた京和工業での出来事だ。父親で創業者である久保誠前社長から経営トップを任されたものの、バブル崩壊の傷跡で産業界は一様に過剰設備に喘ぎ、経営環境は最悪。同社もメンテナンス部門は黒字ながら、新規受注がなかなか取れない。同業他社のなかには、メンテに集中する会社もあったが、京和

●社是・理念

創意は無限　進歩は永遠

『創意は無限』は、視野を広く持ち、革新的な構想を発見することによって、限りなく新しい価値を生み出すことができるという当社の開発スピリッツを表しています。そして、開発製品の社会的な意義を思考し続けることで、改良、改善などの『進歩は永遠』に私たちの手元にあります。当社の経営理念は、すべてがオーダーメイドであるクレーンの開発・設計に必要な姿勢そのものだと言えます。

代表取締役社長

久保　克 氏

工業はクレーンメーカーとして続ける決断をくだしたのだ。

◎高シェアのクラブ式の技術をつなぐ

同社は、1955（昭和30）年創業のクレーン専業メーカー。特に天井クレーンの一種であるクラブ式クレーンを得意とし、これまで産業廃棄物処理分野をはじめ、最大155トンまでの大小クレーンを合わせ、累計数千台の納入実績がある。久保社長は、「会社を大きくすることはできなくても、高シェアを持つクラブ式の技術はつなぎたい。小さくてもメーカーでいたかった」と、当時を振り返る。クレーンは種類も大きさも多種多様だが、京和工業は顧客の使用状況を見極めて、スピードや耐久性、強度などをゼロベースで設計製造する一品ものが大半。クレーン現場に熟知した専業ならではの視点で、多岐にわたる分野で多くの顧客を獲得してきた。

平成の時代は厳しい経営が続いたが、4～5年前から取

15ton×25mコイルリフター付天井クレーン

7.5ton/7.5ton×20mリフマグ・油圧グラブ付天井クレーン

り組み始めた経営改革とともにクレーンの更新需要が増えつつあり、業況は回復している。「まずは苦しいときにも会社を思ってくれた社員の存在が一番。この先の需要は不透明だが、重量物がある限りわれわれの仕事はなくならない」（久保社長）と強調する。一方で、クレーンメーカーとして続けていくために、現場技術の継承も怠らない。例えば、ベテランと若手がペアを組んでメンテナンスに赴く二人メンテ。かつてある顧客からこの二人メンテを理由に、「費用が高い」と言われ、入れ替え案件を一人メンテの会社に取られた経験がある。ところが最近、その顧客から再び更新受注が舞い込んだ。一人メンテの会社が廃業したためだ。

すでに製造部門は、71年に竣工した柏崎工場（新潟県刈羽郡）に集約し、年1回の創立記念日には、東京本社と柏崎工場で永年勤続の社員表彰を行う。久保社長は「特段のご褒美もないけど、これだけは続けている。そろそろ、みんなで集まってやりたいね」とポツリつぶやき、社員への思いをにじませる。

●長寿の秘訣

日本の高度経済成長とともに事業を拡大し、産業界の設備投資を背景に成長を遂げてきた京和工業。経営を継いだ２代目経営者の苦難は、戦後生まれの多くの中小企業に見られる縮図でもある。同社がクレーンメーカーの道を歩んでこられたのは、現場に根差した確かな技術と品質だけでなく、創業時から育み形成された会社と社員の一体感。これもまた困難を克服してきた多くの中小企業に見られる構図と言えるだろう。

本社（左）と柏崎工場（右）

●会社概要

創　　業：1955（昭和30）年９月
設　　立：1956（昭和31）年６月
所 在 地：東京都江戸川区松江 5-17-4
資 本 金：9,954万円
事業内容：リフマグ付天井クレーン、油圧クラブ付天井クレーン、リフマグ・油圧クラブ併用式天井クレーン、橋型クレーン、その他クレーンの設計・製造・販売、据付、メンテナンス、修理
社 員 数：60名（2019年12月現在）

URL：http://www.kyowa-crane.co.jp/

すべては「お客さまの満足のために」
―医薬品・コスメ・食品業界を支えるトップ企業

株式会社ケーテー製作所

　ケーテー製作所は医薬品や化粧品、食品などの工場で利用される充填《じゅうてん》ラインの開発・設計・製造を手がける。とりわけバイアルやシリンジ、目薬などの無菌製造設備や、容器に充填してふたを閉める工程設備には長い経験と多くの実績があり、顧客から高い評価を得ている。

　同社の創業者は現社長の祖父・上月秀太郎氏。1905（明治38）年の日露戦争勝利で軍事力では「一等国」となった日本だったが、経済力は欧米先進国に見劣りしていた。そこで政府は民間活力底上げのため、実業界で活躍する人材の官費留学に取り組んだ。その1人に選ばれたのが

●社是・理念

常に向上心を持つ、働きやすい誰からも信頼される会社

代表取締役社長
上月　清 氏

秀太郎氏だった。

◉日露戦争後の官費留学を経て110年前に創業

2年間の官費留学で欧米先進国の産業事情を学んだ秀太郎氏は、ビールなどのガス入り飲料を充填する機械の設計図を持ち帰る。1910（明治43）年にはラムネやサイダーなどの清涼飲料水や日本酒の充填機を製造する「ケーテー組製作所」を設立した。

戦後になると海外から飲料が輸入されるようになり、主要顧客だった中小飲料メーカーはジリ貧となった。そこで、さまざまな業界に営業をかけたところ、製薬会社から薬品を容器に充填してふたをしめる「キャッパー」の注文を受ける。当時、製薬会社は同様の機械を海外から輸入していたが、非常に高価だった。国産化により安く購入できれば好都合と、同社に製造を任せたのだ。テスト出荷の結果は上々で、すぐさま正式採用された。

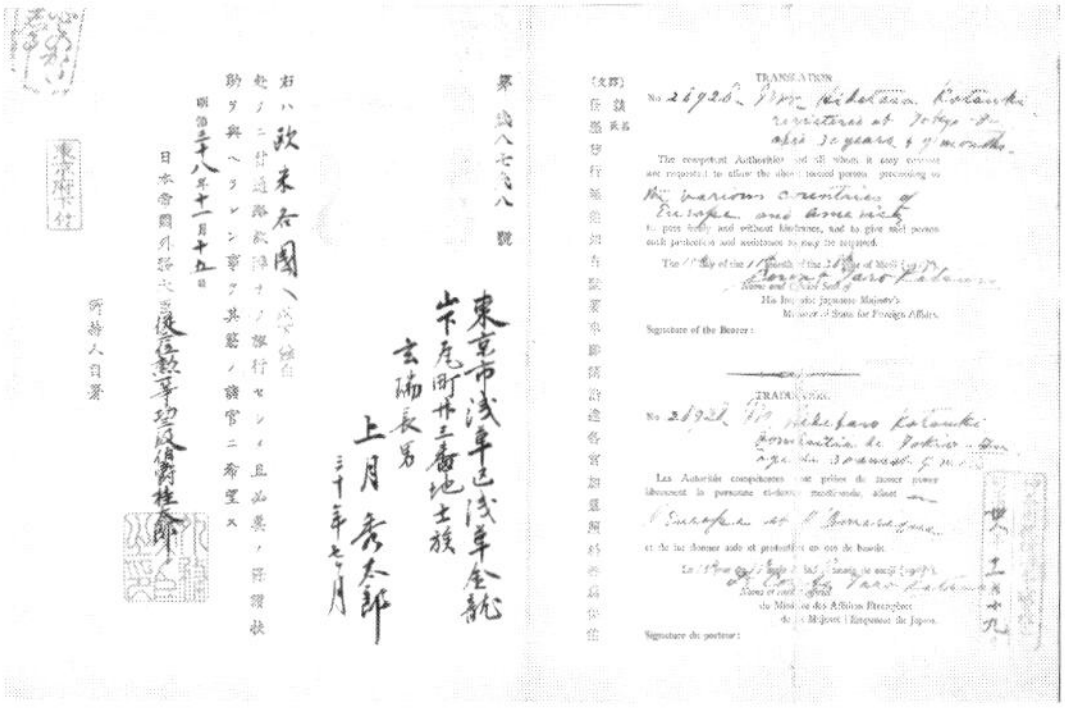

官費留学に選ばれた創業者・上月秀太郎氏のパスポート

国内シェアトップのシリンジ真空充填ライン

その後は口コミで製薬業界内にケーテー製作所の名前が伝わり、受注が殺到する。顧客は化粧品、食品へも広がった。上月清社長は「こちらから売り込まなくても、先方からご相談をいただけるようになった」と振り返る。取引の長い固定客が多く、2度にわたる石油ショック、バブル崩壊と困難な時期もあったが、リストラや取引企業の切り捨てをせずに乗り切った。

難しい注文もあったという。注射液や目薬の充填ラインなど、非常に厳格な品質を要求される。それでも「ここでやらなかったらマーケットに相手にされない」と開発に踏みとどまった。その結果、完全無菌の注射器などに使われるシリンジ真空充填機で国内シェアトップ、点眼容器などに無菌操作で目薬を充填するラインでは8割のシェアを持つまでに。今後は再生医療の実験装置など、無菌技術を生かした製品開発を進める。

●長寿の秘訣

創業以来、「顧客第一主義」を貫いてきた。それは製品開発だけでなく、アフターサービスも同じ。古いラインであっても、顧客からの要請があれば修理や保守点検に対応する。「メーカーとしては買い替えてもらえるとありがたいが、それはお客さまが決めること」と、上月社長は気にもとめない。営業・技術・製造・アフターサービスの全部門が「顧客と同じ目線」に立ち、生産現場の要望に応える。110年の歴史も当然だろう。

創業の地、墨田区向島に建つ本社

●会社概要

設　立：1910（明治43）年10月
所在地：東京都墨田区向島1-25-15
事業内容：医薬品・化粧品・食品関連の生産設備機械の設計・製造・販売
売上高：約30億円（2018年度）
社員数：156名（2019年4月現在）

URL：https://www.ktmfg.co.jp/

「ガス・溶接・切断」の総合力で世界中の基幹産業を支える100年企業

小池酸素工業株式会社

橋梁や造船、建機、建築、ボイラなど、主に厚板と呼ばれる鋼板が使われる製造現場を支える溶接、切断システムやガスを製造販売する。2018年に創業100年を迎え、ニッチ分野とはいえ、切断機器分野では世界のトップ3ブランドに数えられる存在。次の100年に向けて着実な発展を目指す。

◉「片付けロボット」を投入し鋼板加工現場の働き方改革を提案

創業100年を機に、19年4月にスタートさせた新中期経営計画は期間5年。現状、市場、競合、自社などを総合

●社是・理念

【経営理念】

ガス・溶接・切断の総合製造・販売会社として世界市場での顧客の満足と信頼を獲得する

代表取締役社長
小池　英夫 氏

的に分析し、24年3月期の連結売上高は550億円、30年の目標は1000億円を掲げている。ユーザーである基幹産業各社は世界情勢の影響を受けやすいが、「長い目で見れば地球上の人口増加は続き、景気は拡大するだろう。一方、日本は人口減少の時代、世の中の変化に柔軟に対応し、自分たちで景気をつくっていく気構えで臨む」と19年3月に社長に就任した小池英夫氏は意気込む。もちろん、顧客満足、従業員満足、社会満足の実現を通じて総合力を高めていく。

事業分野は酸素、窒素、アルゴン、炭酸、アセチレンなどの工業用ガス、ガス・プラズマ・レーザ切断機などの機械装置、そして溶接機材と大きく3部門。その顧客が重なることも多いため、20年1月には3部門の営業担当者を同じフロアに集め、一体提案の動きを更に強固なものにしていく。「今は製品単体を提供するのではなく、着地点はユーザー満足として、プロセスを支援していくことが課題」と小池社長。新製品の開発に加え、前工程や後工程を視野に入れた省人化、省力化の提案の重要性を指摘する。

片付けロボット（KSR）

KOIKEテクノセンター

自前のSE部隊を抱え、自社開発CAD／CAM（コンピューター支援設計・製造）システムも提供。インターネットで機械装置などをつなぐ仕掛けであるIoTにも力を注いでおり、「Ｋｏｎｎｅｃｔｉｏｎ（コネクション）」の商品名でユーザーの工場に納入した切断機の稼働状況や工程管理、機材管理の「見える化」を進めている。

新製品開発には積極的で、切断機で加工した部材を自動で持ち上げて所定の位置に片付ける機械「片付けロボット」を19年秋に開発・発表したところ、鋼板加工現場の働き方改革につながるとして、多くの引合いが出てきている。営業面の強化でも薄板加工分野で世界ビッグ３の機械大手スイス・バイストロニック社と19年11月から販売協力しており、製品群を拡充。海外では、現在の８拠点でカバーする市場に加え、東南アジア、アフリカなど今後の開拓余地は大きい。

●長寿の秘訣

ガスを含む切断から溶接までの一連の製商品を取り扱う「トータルシステムサプライヤー」としての体制を確立している。

また、50％超の連結自己資本比率が示すように、財務体質は極めて強固。半面、老朽化した自社物件も多く、計画的なリニューアルに着手しており、その目玉となるのが、本社の建て替え。2021年１月には12階建ての新本社ビルが完成・稼働する予定。このほか群馬工場もリニューアル中だ。社会を支えるメーカーとして、先代の経営者や先輩方が築いてくれた大事な技術・生産基盤を発展させ、販売店組織とともに前進するという小池社長のリーダーシップは始まったばかりだ。

小池酵素工業本社ビルCG

●会社概要

創　　業：1918（大正 7）年 10 月 15 日
所 在 地：東京都墨田区太平 2-10-10　ユナイトビル錦糸町
事業内容：鋼板やアルミ・ステンレスなど金属材料加工用の溶接機、切断機、工業用ガスの製造販売
売 上 高：連結 462 億 1,700 万円（2019 年 3 月期）
社 員 数：446 名（2020 年 1 月現在）

URL：https://www.koike-japan.com

クリーン、ヘルス、セーフティで社会に貢献する技術開発型企業

興研株式会社

◉他社の真似はしない基本姿勢を貫く

1952(昭和27)年に、創業者の酒井義次郎氏が防じんマスクの開発を始めたのが、興研設立のきっかけだ。63年には、現在の防じんマスクの主流でもある静電気応用ろ材「ミクロンフィルター」を開発。以来、高性能・高機能な防じんマスクを次々に提供し、国内トップの産業用マスクメーカーとして発展を続けてきた。しかし81年に2代目の酒井眞一郎(現会長)氏が社長に就任すると、「マスクを売るのが目的ではない」として、新たに「クリーン、ヘ

●社是・理念

【企業理念】
クリーン、ヘルス、セーフティで社会に貢献する
【経営理念】
1. 人を育てる
2. 技術を育てる
3. クリーン、ヘルス、セーフティの分野で新市場を育てる

代表取締役社長
村川　勉 氏

ルス、セーフティで社会に貢献する」という企業理念を掲げ、独創的な研究開発を一段と加速させることになる。

マスク装着時の息苦しさを軽減する呼吸追随形のブロワーマスクをはじめ、まず産業用マスク関連のセーフティ事業で興研オリジナルの製品を数多く商品化。さらにマスクに続くクリーン事業では、約10年前に新発想のオープンクリーンシステム「ＫＯＡＣＨ」を開発、商品化した。精密機器の製造や医療現場などで活躍するクリーンルームなど、一定の空間をクリーンにするためには何らかの囲いがあるのが普通。ところがＫＯＡＣＨには、一切の囲いがない。対向させた２つのフードから方向と風速の等しい気流を吹き出し、中央でこれを衝突させると浮遊微粒子が外部へ押し出される原理を利用し、囲いがなくても一定空間をクリーンに保てるシステムを創り出した。また自社製の高性能フィルタを用いることで、世界最高レベル（クラス１）の清浄空間を実現し作業中も高い清浄度を保つ。「真

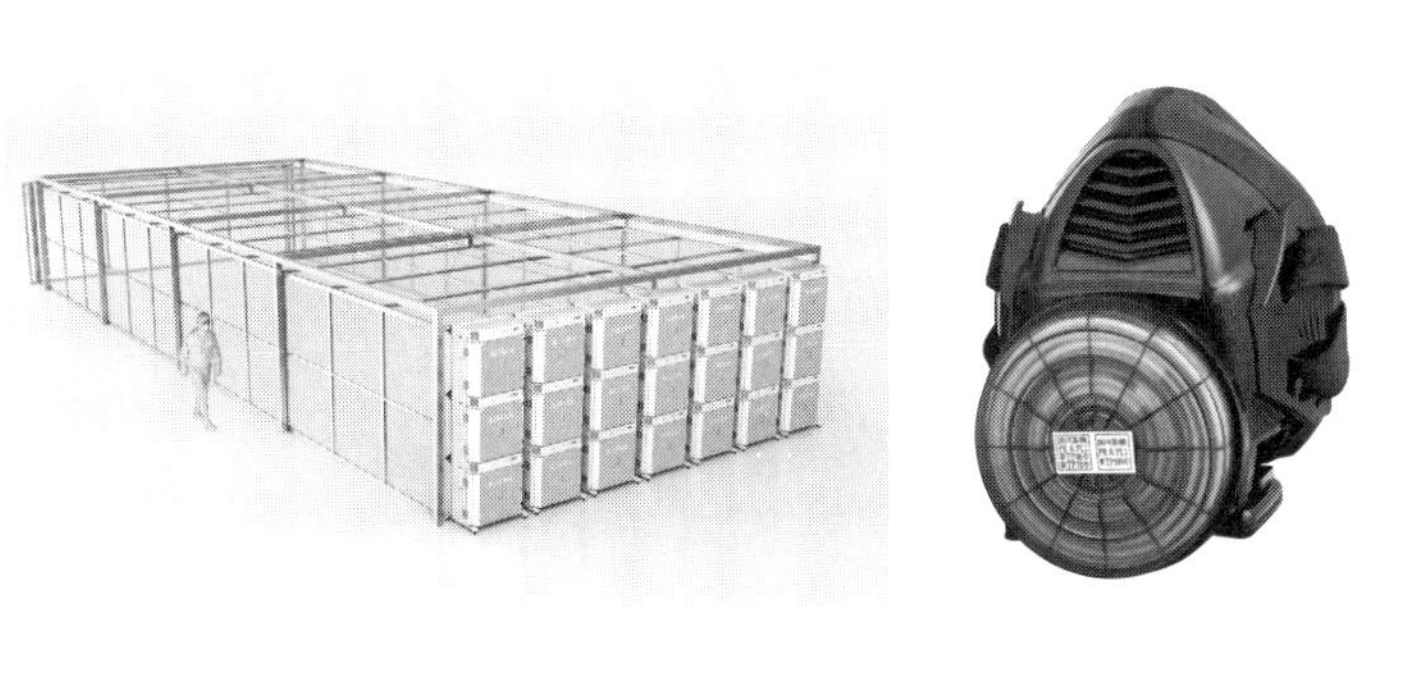

呼吸追随形ブロワーマスク「BL-321S」（右）とスーパークリーン生成装置「KOACH Ez-F」

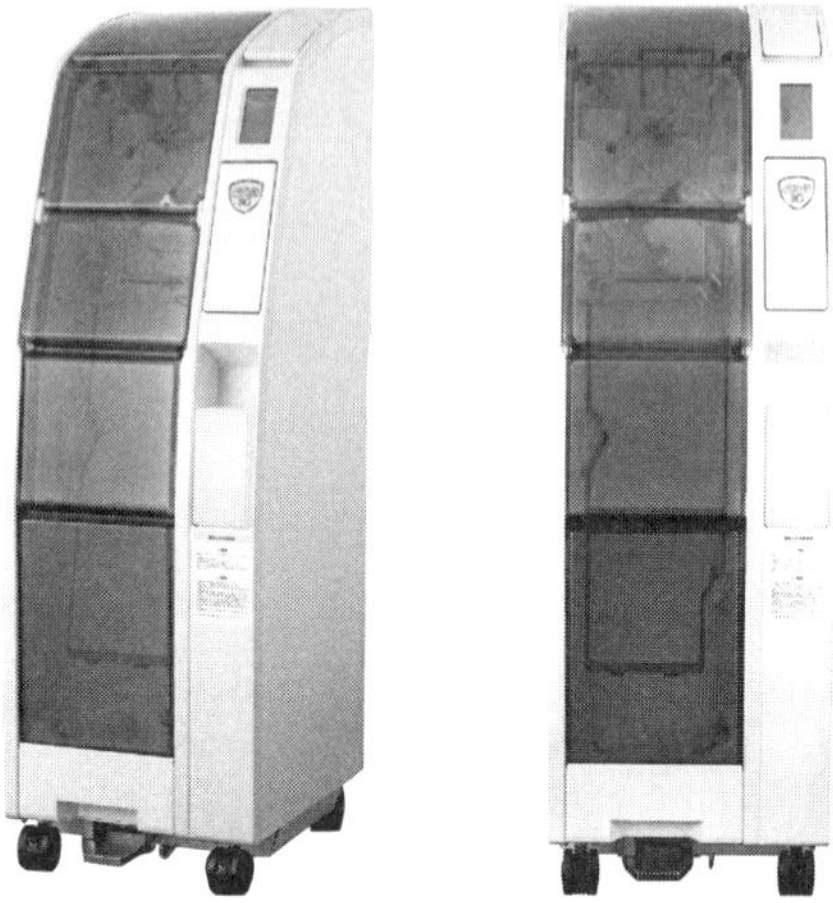

自動ブラッシング機能付き内視鏡洗浄消毒装置「鏡内侍ⅡG」

に役立ち、世の中にないものを作る」という、同社の研究開発の基本理念から生まれた製品の代表例であり、低消費電力で移動や拡大も可能なクリーンデバイスとして注目を集め、今様々な分野で採用が進んでいる有望製品でもある。

そして第3の柱として期待されるヘルス事業は、医療分野の感染リスクを低減するための感染対策用マスクや、内視鏡洗浄消毒装置「鏡内侍《かがみないし》」などの次世代型の商品が目白押し。なかでも鏡内侍は、搭載した自動ブラシが内視鏡を洗浄するため、医療現場の導入が強く望まれている期待の製品だ。「オリジナリティのある技術革新をベースに新市場を育てる。ニーズではなくウォンツを求めていく」（村川勉社長）方針で、今後も興研オリジナルの製品開発に拍車が掛かりそうだ。

2018年には、埼玉県飯能市に先進技術センターを竣工し、社内分散していた研究開発組織を集結させるとともに、大学や他企業との共同研究を活発化できる体制を整えた。

●長寿の秘訣

“世の中にない”“真に役立つ”を出発点とするモノづくり。言葉で言えば簡単だが、実行するのは並大抵でない。数々の自社製品の誕生は、同社の潜在的な研究開発力の高さとともに、新技術の創出を促せる社内環境と揺るぎない社員教育の存在を物語る。マイスター制度の採用や定例の研究発表会を通じて、ひとまねをしないというＤＮＡが社内に根付いているようだ。常識を覆す自社製品開発の土壌が、そこにある。

先進技術センター

●会社概要

創　業：1943（昭和18）年5月
設　立：1963（昭和38）年12月
所在地：東京都千代田区四番町7番地
事業内容：防じんマスク、防毒マスクなどの労働安全衛生保護具及び環境関連機器・設備の製造、販売
売上高：86億500万円（2019年12月期）
資本金：6億7,426万5,291円
社員数：282名（2019年12月現在）

URL：https://www.koken-ltd.co.jp/

痒い所に手が届く独立系の鉄鋼一次指定商社

古賀オール株式会社

独立系の鉄鋼一次指定商社。戦後まもなく東京・日本橋で創業して以来、さまざまな産業に鋼板を供給し続けてきた。鉄鋼メーカーの製鉄所で作られる鉄は、通常商社を通じて自動車や電機メーカーなどの顧客企業に流通されるが、古賀オールは、鋼板を鉄鋼メーカーから直接買い付けることができる一次商社。しかも各地に自社工場（コイルセンター）を持っているため、鋼板をさまざまな形状、寸法にカットして顧客に供給できる。古畑勝茂社長が「独立系の一次指定商社でありながら、自社工場を持つという商社はほかにない」というように、業界に偏りがなく、少

●社是・理念

「和と誠実」

「和風満堂」

「『発注するなら古賀オールへ』と高い評価がお客様から頂ける様に、流通分野における一次商社・鋼板加工センターとして責任を全うする自覚を持ち、お客様と真に実りのあるおつきあいを通じて厚い信頼を築くべく日々高精度の製品づくりに切磋琢磨し、更に堅実な企業基盤を確立すること。」

代表取締役社長
古畑　勝茂 氏

ロットや短納期など細かな注文に応じられるのが強みだ。

例えば、顧客の製造現場へ営業担当と技術部門の担当者が足を運ぶＶＱＲ活動。品質や精度など、顧客が直面するさまざまな課題を営業担当が持ち帰るのではなく、一緒に技術担当も訪問して直接解決にあたる。「痒い所に手が届く存在でなければ。顧客としっかり向き合って、ときには鉄鋼メーカーと顧客をつなぐ役割も担いたい」（古畑社長）という。

◉地道にコツコツで信用と信頼を築く

そんな同社の社是として根付いてきたのが、「和と誠実」の精神だ。２０１１年の東日本大震災。最大の仕入先であった住友金属工業（現日本製鉄）鹿島製鉄所が被災、数カ月稼動できない事態となり、古賀オールは、売り物の鋼板が手に入らないという危機に立たされた。そんな矢先、取引量の多くなかった他メーカーらが、同社の窮地を知っ

首都圏、東日本４カ所に自社工場（コイルセンター）を構える。写真は主力の東京工場

東京第一工場のレベラーシャーライン

て供給を融通してくれたのだ。古畑社長は「縁や絆を大切にして、地道にコツコツやり続ければ、やがて信用と信頼が生まれ、古賀オールを支持してもらえるようになる」と、力説する。

こうした姿勢を社内に浸透させていくためにも、同社が積極的に取り組んでいるのが社員教育。ベテランが若手に対して定期的に仕事のノウハウを指導する「古賀大学」を開催しているほか、全部門が参加する社内改善提案のための小集団活動も盛んで、24回目となった19年は全35チームが参加した。その他、生産現場の問題や意見を直接取上げて検討する「生産改善委員会」により、一昨年末にはシャーリング加工ラインに自動集積ロボットを導入、安全・安心と生産性を両立させる設備導入を果たした。こうしたボトムアップの動きを採り入れるとともに、「いい会社には、いい社員がいる」との前提で、創業100周年を見据えて、士気、やる気、元気のある明るい社員を育て行く方針だ。

●長寿の秘訣

独立系といえば聞こえはいいが、実際は資本系列に属さない分、これまで取引獲得のための苦労は絶えなかったはず。いち早く自社工場を構え細かなニーズに対応することで、系列や同族に頼れないハンディをプラスへと変えてきた。そして何より重要なのは、社員一人ひとりが顧客と真摯に向き合って築き上げてきた信用・信頼があること。これが社の大切な資産であるとすれば、同社最大の強みは、いい社員の存在自体にある。

1996（平成8）年に竣工した日本橋の本社ビル

●会社概要

創　業：1947（昭和 22）年
所 在 地：東京都中央区日本橋小伝馬町 7-2
事業内容：鉄鋼一次指定商社、鋼板加工センターほか
資 本 金：1 億 2,800 万円
社 員 数：300 名（2020 年 1 月現在）

URL：http://www.koga-all.co.jp

顧客の便益・メリットを第一目的に掲げる塗料専門商社

小柳商事株式会社

約３万アイテムの品揃えに、仕入先は２８０社。取引先は１５００社にのぼる国内有数の塗料専門商社だ。ところが自社ミッションに「塗料を売り物にしない」ことを堂々と掲げる。小柳英樹社長は、「商材はあくまでツール。顧客にメリットを提供することが目的」という。塗料を中心とした商材を通じて、顧客のコスト改善や品質向上、安全確保などの価値を提供することが最大の使命というわけだ。

小柳社長が、創業者で父である、故小柳光男氏から経営トップの座を任されたのは、１９９３年、当時絶頂期に

●社是・理念

産業資材（ケミカル製品、機器・設備）及び様々なサービスをシステムとして提供することを通じて、お客様の役に立ち、延いては社会の環境整備に貢献することにより、お客様からも社会からも強く必要とされる存在になる。

取締役社長
小柳　英樹 氏

あった野村證券から小柳商事に転身して、わずか3年後の34歳のときだった。もともと光男氏は、ワンボックス車に塗料を積んで自動車鈑金塗装工場などの顧客へ定期巡回するルート営業を考案する一方、建機や工作機械、自販機やインフラ構造物などに顧客を拡大してきたが、英樹氏社長就任とともに、同社は顧客利益を追求する姿勢を明確化していった。

◎社内調色機能の強みを生かす

まずは同社の強みの1つである社内調色機能。メーカー・ユーザーが指定する色を実現する調色機能は、メーカーに依頼するのが通常で、販売会社が保有しているケースは少ない。同社は迅速に調色した塗料を提供できるほか、過去のデータを持っているので顧客は安心してリピート発注できる。小柳社長は、「コンピューター調色機もあるが、微妙な色合いを実現するために最後にモノをいうのは人の眼。当社に蓄積された職人技術が最大の強み」と強調する。

ワークセッションの一コマ。社員がペアまたはグループを作ってディスカッションと発表を行う

社内運動会開催のあとプロバスケットボールチーム
「アースフレンズ東京Z」と記念撮影

さらに塗料商社には珍しく、販売先が多岐に渡ることも大きな特徴だ。現在、自動車関連以外の売上が約6割を占めるが、特に工場を有する顧客に対し、コスト低減や環境対応などの視点から、さまざまな価値提案営業を展開する。最近はLED照明などで大きな実績を上げており、「お客様に役立つものなら何でも手掛けていく」方針だ。

その様なミッションを掲げる小柳商事には、この春6人の新卒社員が入社する。注目は入社後に実施する独自の社員育成プログラム。特定の商材とユーザーをあらかじめ想定し、中堅と若手の2人1チームがプレゼンを競う提案営業大会と、顧客を演じるベテラン社員を相手に、若手社員がアイスブレイキングからクロージングまでの営業話法を実演するロールプレイング大会。小柳社長は「商材だけでは差別化できない。だから提案力で勝負する」と、今後も顧客メリットを追求できる社員の育成に力を入れていく。

●長寿の秘訣

塗料を売りモノにしないと言い切る自信はどこからくるのか。実は小柳社長が、家業を継ぐため同社に転身してほどなくバブル崩壊が始まっている。その後の金融界における相次ぐ経営破綻は、収益追求型ビジネスの厳しい現実を突きつけた。顧客に必要とされる会社になろうと決めた小柳社長の覚悟と実行は、ある意味バブル時代の経験の裏返し。うわべだけの理念では、ここまでの経営革新はできなかっただろう。

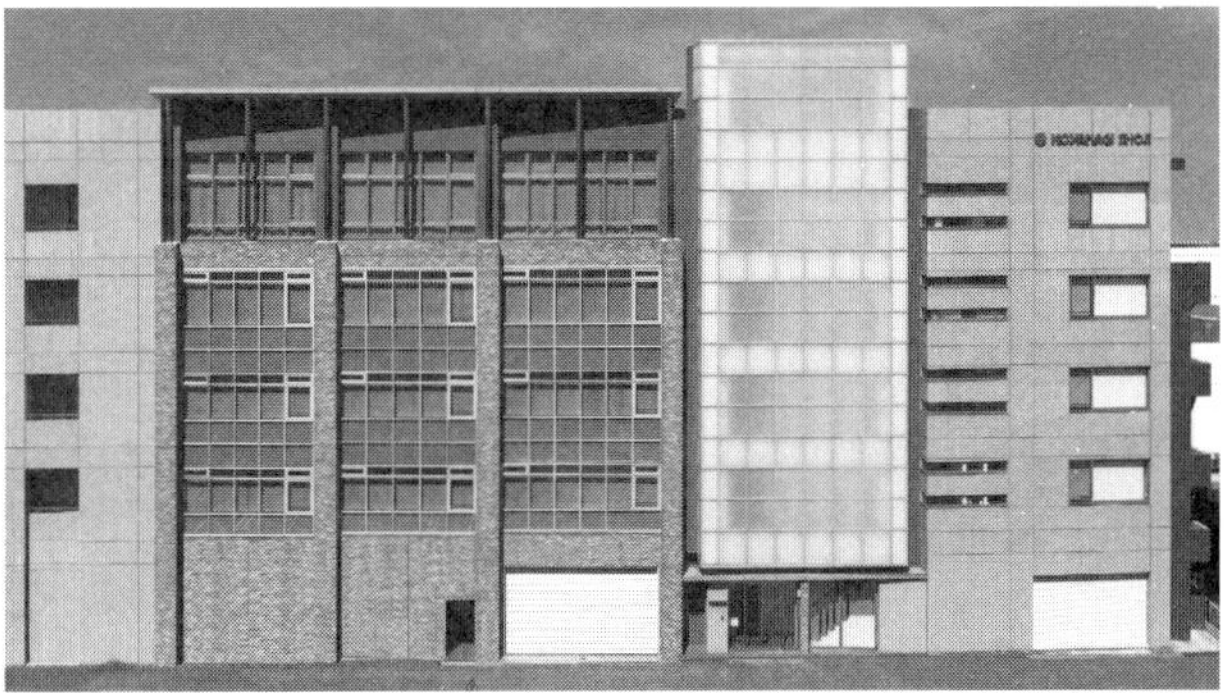

2007（平成19）年に竣工した本社社屋

●会社概要

創　業：1951（昭和 26）年 7 月
設　立：1958（昭和 33）年 1 月
所 在 地：東京都大田区蒲田 2-26-5
事業内容：塗料全般、工業用薬品、接着剤、各種溶剤、塗装設備・機器、空調設備、環境対策設備、塗装工事、他各種工事
資 本 金：5,000 万円
社 員 数：70 名（2020 年 1 月現在）

URL：https://www.koyanagishoji.co.jp/

「つくる、道がある。つなぐ、世界がある。」道路建設機械のトップメーカー

酒井重工業株式会社

120万キロを越える我が国の道路網。この建設を支えて来たのが酒井重工業の技術だ。1929（昭和4）年国産初のロードローラを開発。酒井重工業は道路建設機械のパイオニアとして、道路の建設・維持補修事業の高度化に向けて、たゆみない新製品開発と基礎技術研究を続けてきた。

ユーザに信頼のおける製品とサービスを提供すること。道路建設機械のスペシャリストとして常に技術の深耕を図り、道路事業の発展に有益な技術を創造してゆくこと。そして道路建設機械で培った専門技術を周辺分野の事業にも

●社是・理念

良い製品を安く、早く、親切心をもって作り、それをユーザに提供することによって、国土開発という社会事業に貢献する。

和の精神を基本理念とし、労使一体、共に働くことにより、苦楽を分かち合い、物心両面の豊かな生活を確保すると共に、企業を建設機械メーカーとして一流のものに成長させる。

代表取締役社長
酒井　一郎 氏

役立ててゆくことが、当社の存在意義であり、責務であると考えている。

◎100年の信頼。それは、あくなき挑戦の証。

創業は1918（大正7）年。酒井金之助が、当時輸入した自動車や機関車の修理を主な業務とする酒井工業所を設立した。9年後には森林鉄道用の機関車、11年後にはロードローラの国産化を開始。メーカーとしての基礎を築き、タイにロードローラを輸出する等順調に業績を拡大した。しかし45年5月の東京大空襲により、芝浦の工場のほとんどを焼失してしまう。その後、2代目酒井智好が事業再建に着手。工場を修復し焼け残った部品を利用して生産再開に漕ぎつけ、49年に株式会社酒井工作所として再スタートを切った。機関車とロードローラを2本柱として事業を再成長させたが、森林鉄道の衰退と道路網の急拡大に伴い、道路建設機械専業へとシフトすることになった。

国産初のロードローラ

SAKAI　SW654 振動ローラ

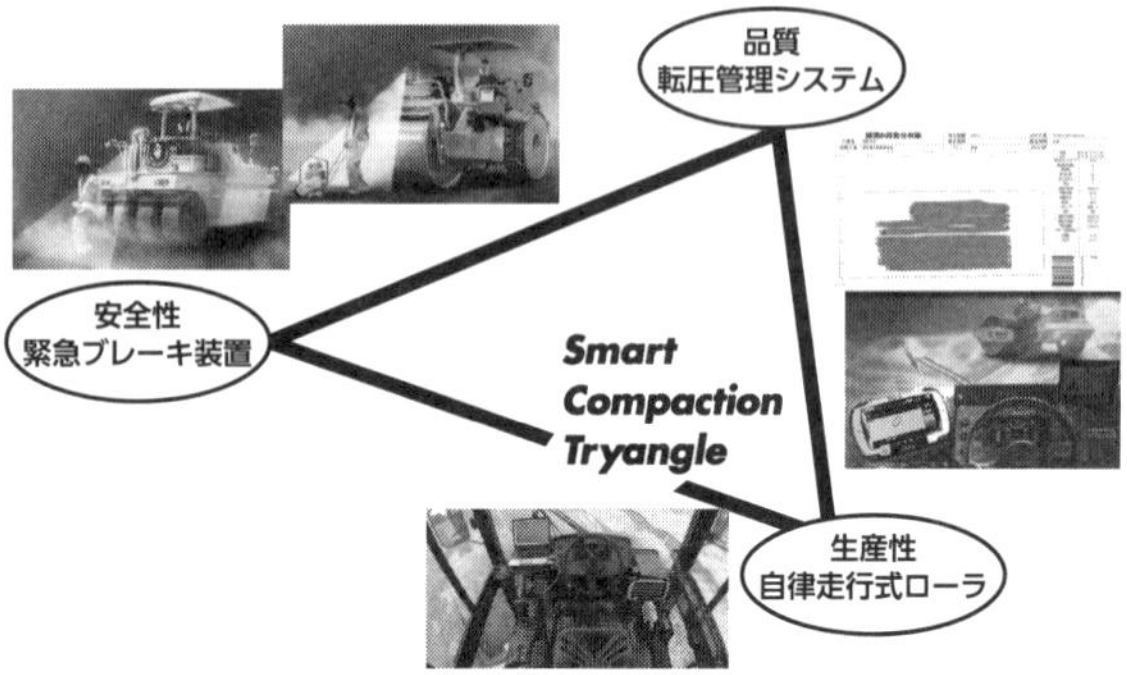

※「Smart Compaction Tryangle」は、次世代技術を活用した締固め品質、安全性および生産性の向上へのあくなき挑戦を表した当社の造語です。

次世代技術

以後日本経済の高度成長とともに成長し、ロードローラでは国内シェア7割、世界100か国以上に輸出する日本を代表する道路建設機械のトップメーカーとなった。

なお、この間、81年に東証1部に上場し、創業50周年を迎えるに当たり67年に商号を酒井重工業株式会社に変更した。

100年にわたる酒井重工業の歩みは、まさに日本の道路建設の歴史そのもの。道路建設という重要な社会インフラ整備を担う酒井重工業は今日に至る日本経済の基盤を支え続けた存在といえるだろう。

今後益々高度化、多様化、そして環境への配慮が必要となる。酒井重工業は、長年の経験から生まれた有形無形のノウハウと新技術への飽くなき挑戦により、時代の要請に応え、世界の国土建設に貢献できる企業を目指している。

●長寿の秘訣

道路建設機械は、建機の合計出荷高の3%に過ぎないニッチ市場。そこに選択と集中を進め、独立系専業メーカーの強みを生かしてグローバル展開してきた。道路という最終構造物を造る性質上、品質や密度、平坦性をはじめとするユーザの要求基準は、一般建機に比べて極めて高く、多品種少量の開発、生産が避けられない特性を含めて、事業を取り巻く環境は厳しい。大手企業による系列化が進む中、そこで確固としてビジネスモデルを確立した同社の優位性が際立つ。

SAKAI　ER555F ロードカッタ

●会社概要

創　　業：1918（大正 7）年 5 月
設　　立：1949（昭和 24）年 5 月
所 在 地：東京都港区芝大門 1-4-8
事業内容：道路建設機械の製造・販売
資 本 金：31 億 9,100 万円
売 上 高：連結 247 億円
社 員 数：グループ 628 名（2019 年 3 月末）

URL：https//www.sakainet.co.jp/

〝ご恩返しの経営〟で次の100年へ挑戦

坂口電熱株式会社

産業用電気ヒーターや加熱装置など電熱機器の開発・設計・製造・販売を行う坂口電熱は、熱をコントロールする高い技術を持ち、半導体業界をはじめ、様々な産業の加熱用ヒーターで高いシェアを誇る。また、H－2Aロケットやスペースシャトルのほか、世界最大の水チェレンコフ宇宙素粒子観測装置スーパーカミオカンデなど、宇宙開発分野にも納入実績がある。

同社の誕生は1923（大正12）年。創業者の坂口太一氏が実用新案を取得した工業用電気アイロンがきっかけとなった。当時、ラシャ（毛織物）関係の仕事をしていた太

●社是・理念

聖賢の教学に則り社業を通して国家社会の進化発展と人類の安心平和幸福の実現に貢献せん事を念願とする

代表取締役社長
蜂谷　真弓 氏

一氏は、営業先の仕立屋で、店の人が夏の盛りに汗を流しながら炭火アイロンに火を入れている姿を見かけた。「人の役に立ちたい」、そう考えた太一氏は鋳物屋や電気会社を巡って教えを乞い、苦労の末に工業用の電気アイロンを開発。誰もが気軽に使えるように割賦での販売を開始した。このアイロンは飛ぶように売れた。「人の役に立ちたい」という太一氏の想いが引き寄せた成功だった。

◉飽くなき挑戦で世の中に貢献

「坂口電熱には創業時から受け継ぐ〝ご恩返しの経営〟があります。『私たちは生かされている。そのおかげで今日がある。従って、企業経営は社会恩に報いるものである。』という教えです」と、創業者の孫娘で3代目社長の蜂谷真弓氏は語る。人の役に立つことで、結果として利益になるという考えだ。

事実、秋葉原に拠点を構えた同社には、工業用電気アイロン以外にも電熱関連の相談が次々と寄せられるようになった。特に戦後の物のない時代には、物質を最適な

昭和34年頃の初荷の様子（店頭前にて）
右側から創業者坂口太一と2代目社長坂口美代子

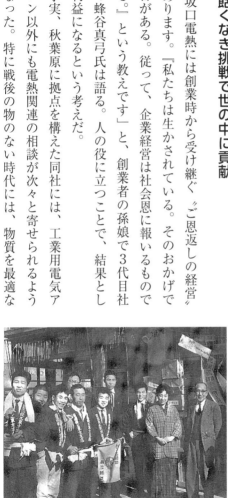

温度に加熱することがあらゆる分野で難しく、工業に限らず食品や農業、医療まで、さまざまな難題が持ち込まれた。だが、同社ではそれぞれの難題に怯むことなく挑戦を続け、一つひとつを形にしていった。その結果、電熱関連の技術が磨かれ、業界で高く評価される水準に達した。電熱技術をベースにして真空・バイオ・光学・化学など幅広い分野で役立てられるようになったのだ。

現在、同社は電熱部材から国家プロジェクトにかかわる製品まで、熱に関する製品を延べ400万点以上、世の中に送り出している。同社の生み出す製品は、国内で使用されるだけでなく、さまざまな機器や装置に組み込まれて輸出もされている。世界中で人々の役に立ち、世界のモノづくりを支えている。創業時からの〝ご恩返しの経営〟を忘れず、人々のニーズを叶えるための飽くなき挑戦を続ける坂口電熱は、まさに世の中に生かされているようだ。

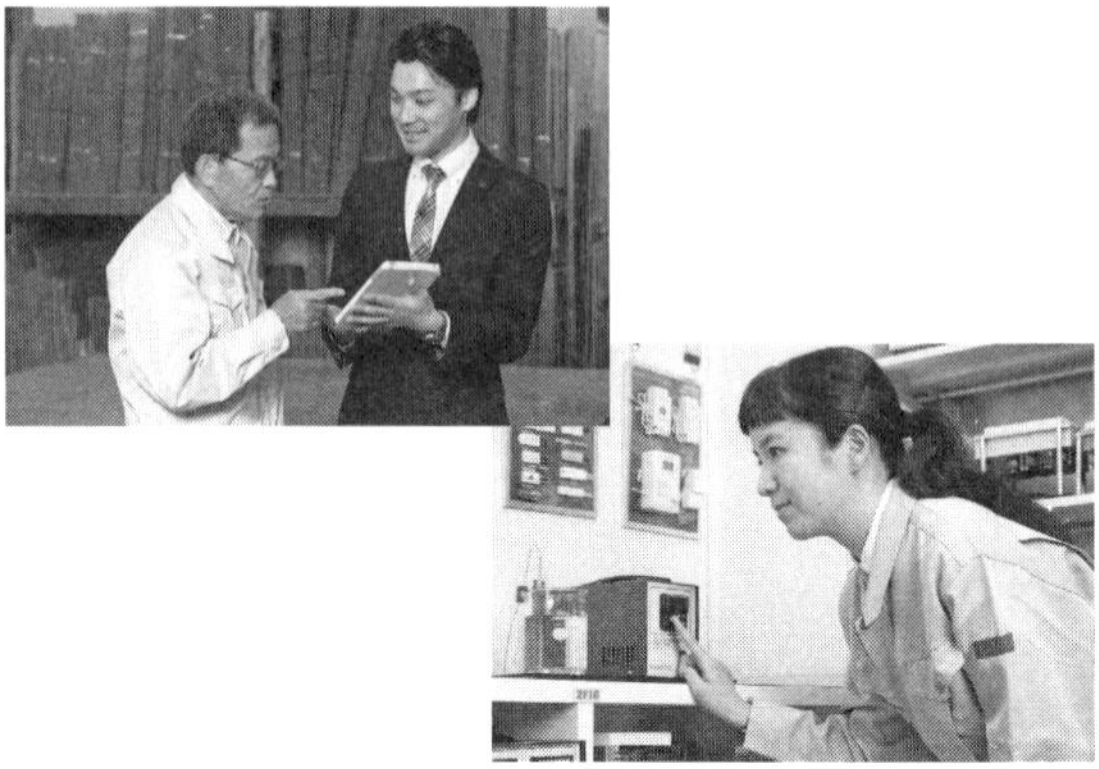

熱に関する様々な課題解決のため、お客様に最適な製品を提供

●長寿の秘訣

同社の強みは、大口顧客から多品種少量のロングテール顧客に至るまで、あらゆる業界、業種が抱える課題やニーズに、営業力と技術力で応えてきたことにある。社員一人ひとりの知見を全社で共有し、個人の力と組織の力を高める目的で定期的に社内の集合研修を開催するなど、フェイス・トゥ・フェイスのコミュニケーションの場を設けている。一方で、社内SNSの活用による情報共有のスピード向上や、顧客管理ツール（CRM）による営業活動の効率化、顧客との接点の深堀りなど、デジタルツールも積極的に取り入れ、時代に適応した変革を常に行なっている。

国内および海外の展示会に出展

●会社概要

創　業：1923（大正 12）年 1 月 10 日
所在地：東京都千代田区外神田 1-12-2
事業内容：電熱技術を中心に真空・バイオ・光学・化学分野の製品開発と電熱機器の製造・販売
資本金：4 億 6,000 万円
社員数：150 名

URL：http://www.sakaguchi.com

自動車整備向けから多業界へ拡散
作業灯メーカーの快進撃

嵯峨電機工業株式会社

創業60周年を迎えた嵯峨電機工業は、自動車整備の手元を照らす〝作業灯〟を主力商品とし、整備工場向け照明機器メーカーとして知られる。トヨタや日産、ホンダなど大手自動車メーカーにも豊富な納品実績があり、創業以来黒字経営を続ける優良企業だ。

1960（昭和35）年、同社は先代社長の尾曽利夫氏が自動車整備用測定器のメンテナンス業として創業。やがて名古屋や大阪にも営業所を開き、全国で測定器修理を請負うようになった。

だが、測定器の修理だけでは成長が限られる。ターニン

●社是・理念

「礎の経営」

次の時代の発展のための確固たる基盤を作り上げていくことを基本理念とする。凡そ私たちは皆の中での私であり、他人の役に立つことが「生きる」意義である。他人の役に立つ為の殆どは会社に働いてこそ成し得る。人の生命は限りがあり、会社の生命を永遠のものにして次の時代のための礎となろう

代表取締役
尾曽　秀幸 氏

グポイントは、視察で自動車整備工場を巡った時に訪れた。当時の整備現場では照明器具として裸電球が用いられており、電球が割れてケガや、発熱による火事が度々あった。「もっと安全な照明で、役に立てないか?」。そう考えた利夫氏は75年、整備工場向けの作業灯「ストロングライト」を開発。これは、安全カバーを施し、発熱しない蛍光灯を用いた丈夫な作業灯である。この製品シリーズは同社のロングセラーとなり、今も全国の整備工場で愛用されている。

◉多彩な業種に広がる安全な作業灯

「嵯峨電機工業は〝礎の経営〟を大切にしています。企業は人の役に立つものという創業からの教えです」と、2代目を継いだ尾曽秀幸社長は語る。事実、作業灯メーカーへと舵を切った同社は、ハンド

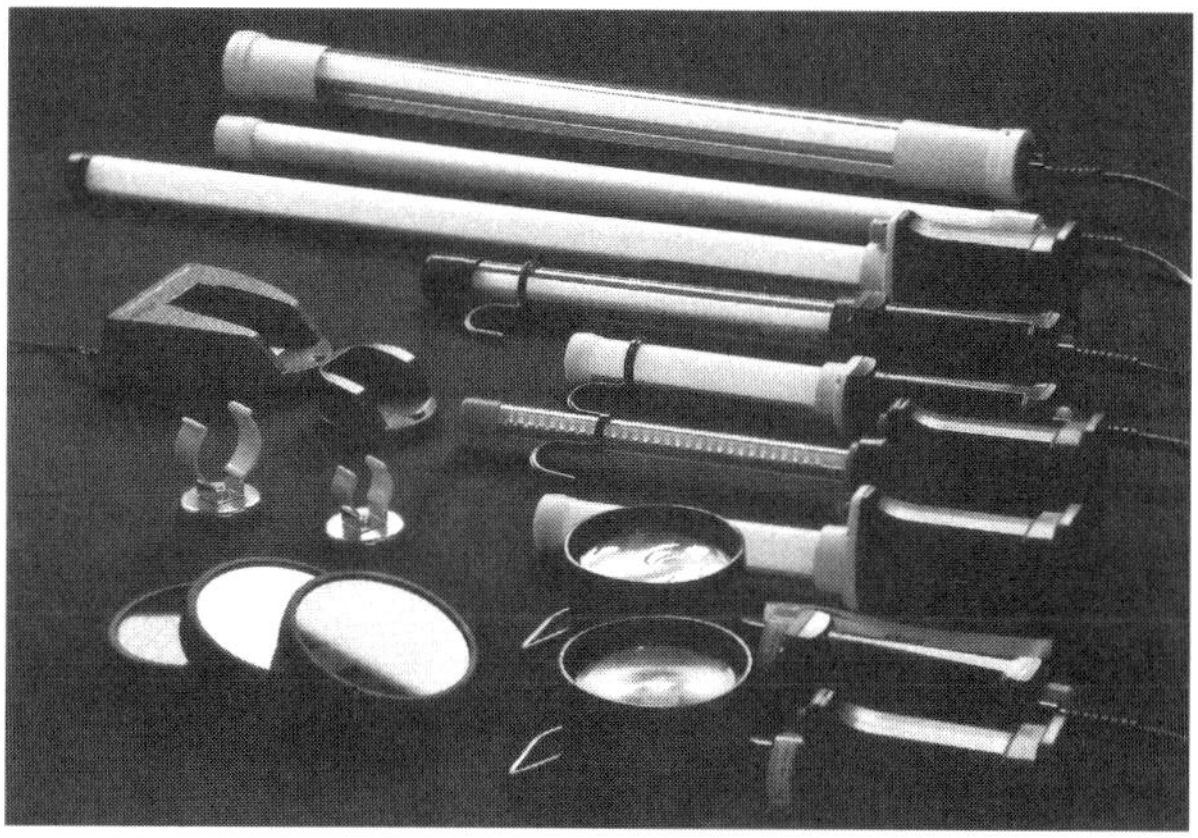

製品写真

名古屋センター

ライトや壁面ライトのほか、検査用ライトや防爆ライトなど、整備現場に役立つラインアップを充実。2003年には充電式のコードレスライトを開発、05年にはLED照明の作業灯を開発し、現場の幅広い用途に対応していった。

その上で、「自動車整備工場以外の業種でも役立つように、あらゆる業界へのアプローチに力を注いでいる」（秀幸氏）という。ガソリンや塗料、粉塵などが舞う整備工場は過酷な環境だ。そこでの使用に耐える丈夫で安全な作業灯は、異業種でも重宝される。実際、同社の作業灯は、飛行機や船舶の製造現場や整備工場のほか、幅広い業種で活用されている。食品・飲料メーカーでは製品の目視検査ライトとして、美術館や博物館では修復作業の照明として。その他、防災用の常備灯や、自衛隊の備品にも活用されているという。自動車整備工場向けに始まったモノづくりが、今、親子二代を経て、多様な業界を照らし始めている。

●長寿の秘訣

作業灯などの照明機器業界では、開発競争が熾烈ですぐに追随されることが多い。しかし、同社ではLEDなどの新しい技術に常にアンテナを張り、ユーザーや商社に新たな使い道を提案することでユーザーの幅を広げている。「アンテナ力」と「提案力」に強みを持つ同社の製品は、蛍光灯からLEDへの交替需要の追い風を捉え、さらなる普及を遂げそうだ。

60周年記念式典写真

●会社概要

設　立：1960（昭和 35）年
所 在 地：東京都大田区田園調布南 10-5
事業内容：各種産業向け照明機器および関連機器の製造・販売
売 上 高：6 億円
社 員 数：32 名（2020 年 1 月現在）

URL：http://www.sagaden.co.jp/

100年企業に挑む総合金属建材メーカー

三洋工業株式会社

2018年10月、創立70周年を迎えた東証1部上場の総合金属建材メーカー。1948（昭和23）年に、創業者の故山岸福次郎氏が港区芝神谷町に、セメント販売会社「三洋商会」を設立したのが始まりだ。数年後のセメント販売自由化で苦境に立たされたが、大量のスレート釘を入手することに成功。以来、ネジ、釘、ボルトといった建築金物で事業基盤を確立し、さらに換気扇や接合パーツ（ジョイナー）など建築にまつわる周辺分野へ製品を次々に拡大、金属建材の総合メーカーとして成長を遂げてきた。今ではネジ、釘類の売上比率は極少だが、菊地政義社長は、「ネ

●社是・理念

【経営理念】

私たちは国際化社会の中で、社員1人ひとりの自己の成長と企業の安定・発展をはかり、快適空間の創造を通じて社会に貢献します。

【基本経営方針】

1. 人間尊重の経営
2. お客様第一の経営
3. 地域・社会と共生する経営を通じて、オンリーワン企業を目指そう

代表取締役社長

菊地　政義 氏

ジ、釘、ボルトは社歌にも出てくる当社の原点」とし、今後もその原点を忘れずに経営を行う方針を示す。

三洋工業は、数ある製品の約半数を全国6カ所の自社工場で内製化する一方、約25名を擁する技術研究所を構え、製造と販売、開発、施工が一体となって新製品を開発し、事業を拡大してきた。そこで重視してきたのが、現場、現物、現実の三現主義。「顧客第一の思考で、これからも当社がやっていくためには、自社の成長の軌跡をしっかり継いでいく必要がある」（菊地社長）と話す。

◉快適空間を創造する企業目指す

一方で、創業１００年に向けたロードマップづくりが始まっている。まずは10年後を見据える菊地社長は、「ネジや釘のような点ではなく、ジョイナーのような線でもない。快適空間の創造という面の視点でビジネスを発展させていく」と、説明する。例えば、安心・安全の社会ニーズにマッチさせた耐震天井。業界初の超軽量タイプの天井を発売し、官公庁を中心に受注を伸ばしている。あるいは快

輻射式冷暖床システム「エア・フロア」

2014年技術研所内に完成した環境試験棟

適な温熱環境を提供できるシステムフロア。輻射熱によって室内の空気を自然にムラなく冷暖し、省エネ効果も期待できる。すでに2014年には、技術研究所の敷地内に環境試験棟を完成させ、環境、省エネや耐震に役立つ製品開発を加速させる態勢を整えた。今後は音、熱、光、空気、景観といった五感から、社会ニーズを探り製品開発につなげる考えだ。

同社をもう1つ特徴づけているのが、北海道から沖縄まで、合計5000社に及ぶ顧客の広がりだ。約200社強の特約店ルートを持つ一方、国内8支店と合計34カ所の営業所で全国をくまなくカバーする。菊地社長は、「数ある拠点は一定のコスト負担となるものの、全国に広がる顧客の存在は当社の大切な財産。地域密着でお客様と共に歩み、地域の雇用を守ることも、1つの企業戦略」と強調する。攻守織り交ぜながら100年企業に挑む方針だ。

●長寿の秘訣

建築現場のさまざまなニーズに対応した製品開発を続けて、多様な金属建材を提供してきた三洋工業。これを支えてきたのは、「お客様第一の経営」と「小さな釘でも日本一になろう！」という創業者の強い思いである。“お客様のためにより良いモノを！”当たり前だがこうした原理原則に従って、社員１人ひとりがひた向きに努力を重ねてきたことが今日の三洋工業を築き上げた。このＤＮＡが需要創造型ビジネスを生み出す原動力となっている。

錦糸町の本社ビル

●会社概要

創　業：1948（昭和 23）年 10 月
所 在 地：東京都墨田区太平 2-9-4
事業内容：・金属建材及び建築材料の製造販売・内装材及び外装材の製造、販売ならびに工事請負・空調及び換気装置の設計、製作、関係機器の製造販売ならびに工事請負・太陽エネルギーを利用した機器の販売ならびに工事請負・その他関連する製品及び原材料の輸出入
資 本 金：17 億 6,000 万円
社 員 数：417 名（2019 年 3 月期）

URL：https://www.sanyo-industries.co.jp/

自社完結型の精密金属加工技術で多様なモノづくりニーズに応える

株式会社三洋製作所

1952（昭和27）年、三鷹市で初代社長の中根啓氏が、自動車部品の製造で個人創業、その後エンジン用のキーやスペーサーで事業基盤を固め、4年後の56年に三洋製作所を設立した。

◉機械保持工具で自社ブランドを確立

高度成長期に差し掛かる前、同社飛躍の出発点となったのが、今なおNAKANEブランドで知られる回転センターの開発だ。主に旋盤作業において、加工物のセンターを支えて振れを防ぐための回転保持工具で、中根徹現社長

●社是・理念

現状に甘んじず、変化を恐れず、時代を見据えて技術を磨き、未来の時間に挑戦することで、モノづくりに貢献する。

代表取締役
中根　徹 氏

は、「父（啓氏）が会社を設立して間もなく、刃物が干渉しない先端の小さい回転センターを初めて商品化した。当初はなかなか売れず苦労したが、高度成長時代とともに販売量は増えていった」という。更に88年には、エンドミルなどの刃物をロング工具にできる「スレンダーチャック」という商標登録の工具も商品化、従来のナット式に代る引きねじ式の構造とし、深い部分の加工性を大幅に拡大した。現在は回転センターとともに、NAKANEブランドの主力商品に育っている。

だが同社の真の強みは、これら機械保持具メーカーの範疇に留まらない。技術者であり続けた創業者の意志を今に次ぐ自社完結型の精密加工技術が、三洋製作所の力の源泉だ。まず驚かされるのが、膨大な保有機械設備。社員40名足らずの規模ながら、マシニングセンターや各種研削磨機、旋盤、フライス盤などの機械設備は、優に100台を超える。現場社員の多能工化を実現しているのと合わせ、「専用機などの中古機械を適宜購入しストックしている」（中根社長）ため、量産ものの受注では自前で専用設備を製造してしまうことも珍しくない。顧客

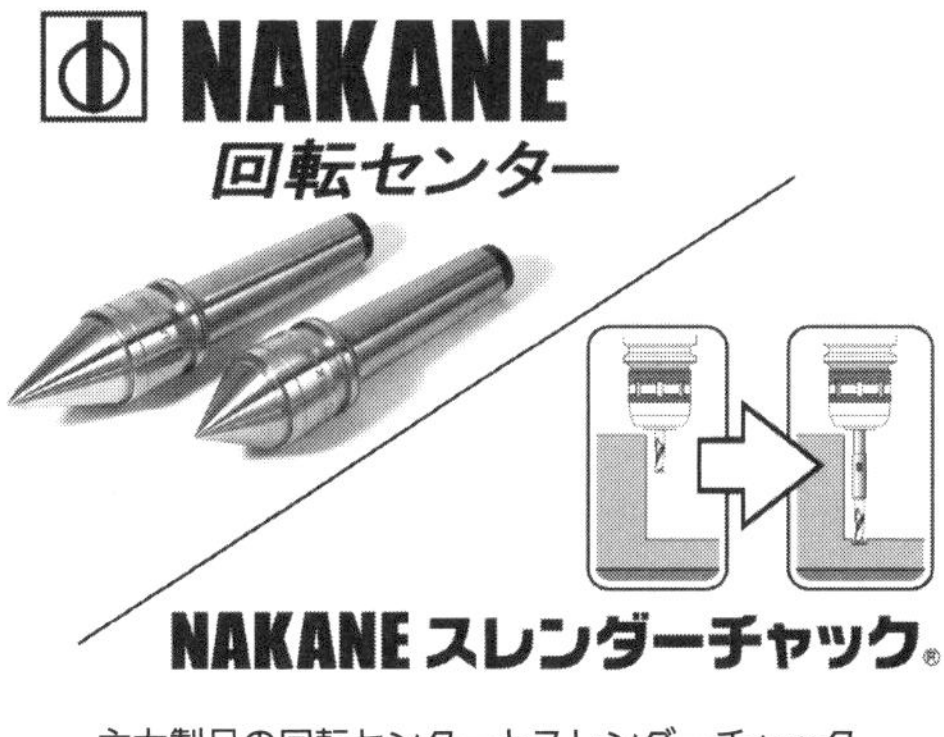

主力製品の回転センターとスレンダーチャック

ギヤやシャフトなどの回転体を止める精密キー

のさまざまな精密加工ニーズに対し、「焼き入れや表面処理を除きほぼ完全内製化できる」（同）というわけだ。

こうした精密加工技術に裏打ちされたビジネスが、半月キー、並行キーと呼ばれる精密キーの製造。ギヤやシャフトなどの回転体に差し込み、回転を止めるための精密部材で、自動車や産業機械メーカーを主要顧客に、最大月産55万個の実績を誇る。精密な寸法精度や面取り、迅速な納期を要求されることが多く、大量一括発注にも対応できる自社一貫生産の強みを発揮し、同社の収益拡大の役割を担っている。最近は、加工品の平行度を測定する際、ダイヤルゲージやインジケーターでの計測を効率化する回転ステージ「スムース・ピー・ステージ」を開発販売しており、独創的な自社製品の開発にも積極的。ＮＡＫＡＮＥブランドの一段の拡充にも取り組んでいる。

●長寿の秘訣

オイルショックのとき、無理な営業をして価格引き下げを余儀なくされた。長く低収益に苦しんだことから、営業力よりも技術力、時代の変化を見据えながら人と設備を強化してきた。そんな同社の歴史が、結果として強固な財務基盤と高度な現場技術を生み出し、幅広い顧客対応力をもたらしたと言えよう。令和の時代を迎えたいま、エレクトロニクス技術にも長けた中根社長の次の一手が、楽しみでもある。

本社工場

●会社概要

創　業：1952（昭和27）年9月
設　立：1956（昭和31）年10月
所 在 地：東京都青梅市新町9-2157-6
事業内容：自社ブランドNAKANE精密工具の製造販売、精密級キー製造、多品種少量から量産までの部品加工
資 本 金：1,500万円
社 員 数：40名（2020年1月現在）

URL：http://www.nakane34.co.jp/

映画館カバー率95%のシネアド・プロフェッショナル

株式会社サンライズ社

サンライズ社は、シネアド（映画館広告）の草分け。映画館の本編上映前にスクリーンで上映される企業広告を扱う専門集団だ。国内の映画館カバー率は95%を誇り、さまざまな映画館広告を主導してきたトップ企業だが、田中恒男社長は、「もともとは日本海陸運輸という石炭輸送を営む会社の社内ベンチャーからスタートした」と、1955（昭和30）年の会社設立の経緯を説明する。設立当初のスクリーン広告は、動画ではなく静止画を集めたスライドが主流。広告主も地元の商店や企業がメインだったが、同社は地道に大手企業などの顧客を開拓し、有力な広告媒体と

代表取締役社長
田中　恒男 氏

●社是・理念

[映画をコミュニケーションメディアに]
映画館広告のサンライズ社として業界発展への寄与を通し、企業価値向上を目指す

してシネアドを成長させていった。

◉テレビと異なる優位性を前面に

やがて時代はテレビ全盛のときを迎えたが、「一定の影響はあったものの、映画館の広告とテレビＣＭはやはり別物だ。シネアドの市場とニーズがなくなることはなかった」（田中社長）という。まずは訴求力の違い。テレビを観るお茶の間と異なり、ノイズもなく閉ざされた空間で上映されるシネアドは、見逃される心配がない。しかも大画面と大音響の迫力があるから記憶にも残りやすい。２つ目は、不特定多数のテレビと異なり、シネアドは作品によって観客の属性や趣味・関心など視聴者を絞れること。いわばネット時代には当たり前のターゲティング広告を昔から可能にしたのがシネアドだったのだ。「特に企業のブランディング手法としてシネアドは最適。ストーリー性の高い長尺ものの素材でも、じっくり観てもらえる」（田中社長）

国内映画興行市場

●映画館数	3,583スクリーン
●年間入場者数	1億9,491万人
●年間興行収入	2,611億8,000万円
●年間公開映画本数	1,278本

※2019年末時点
一般社団法人日本映画製作者連盟調べ

サンライズ社 シアターネットワーク

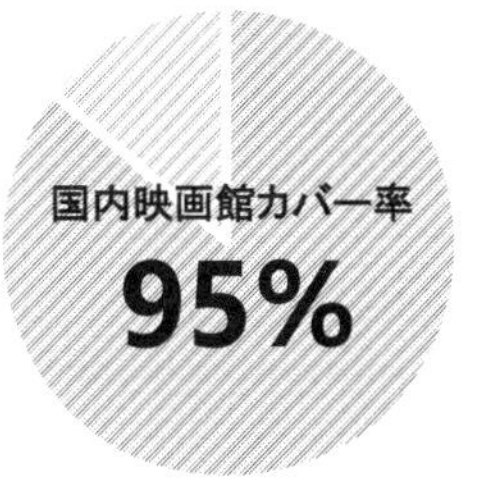

映画館カバー率95％で国内トップシェアを誇る

優秀な企業広告作品を表彰するSUNRISE CineAD Award

というように、いまや人の感情を揺さぶる芸術性の高いシネアドも少なくない。実際に同社は2018年から、アジア最大級の国際短編映画祭に協賛し、優秀な企業広告作品を表彰、広告メディアとしての価値向上に取り組んでいる。

そしてシネアドの可能性を一段と高めたのが、13年頃から一気に広がった映画素材のデジタル化だ。それまでのフィルム上映では、広告素材をフィルムに変換する手間とコストが発生したが、デジタル化の波によってシネアドは、企業規模を問わず利用できる広告媒体に変貌を遂げたのだ。「一昔前はナショナルブランドを持つ大企業が大半だったが、いまは住宅関連企業、自動車販売、結婚式場など地元企業の顧客が半分を占める」という。19年の国内映画興行収入は、過去最高を記録、同社の新たな成長を予感させるが、田中社長は「自社の拡大を云々するよりも、シネアドを通じて映画と広告の世界に貢献していくことが大事。60年超の実績をもとに存在感のある会社であり続ける」と、きっぱり。シネアド一筋できた基本姿勢を変えることはない。

●長寿の秘訣

国内では圧倒的なシェアを誇るシネアドの先駆者だが、豊富な経験、実績におぼれることなく、映画館を媒体に見立てた多様な商品を付帯させるなど、シネアドを複合的、立体的に展開してきたことが大きい。最近は海外事業者とネットワークし、シネアドで欧米アジアにもリーチできる態勢を整えている。今後は協業や連携手法も視野に入れ、ニッチだが一段と存在感のあるビジネスを育てていく方針だ。

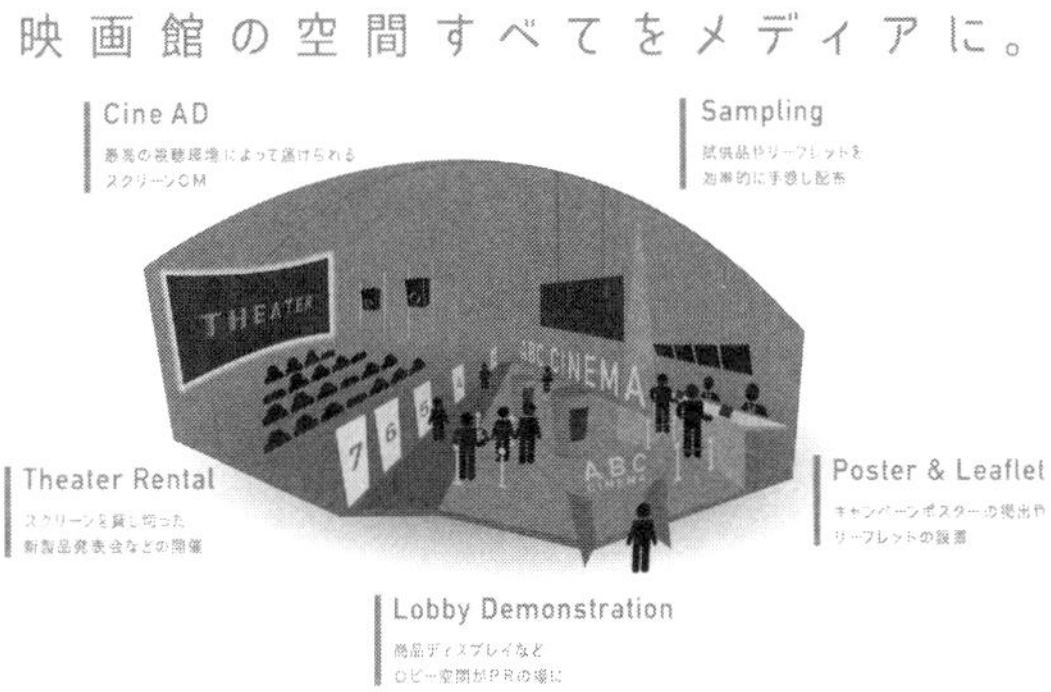

映画館自体を媒体に見立てた多彩なプロモーション商品も

●会社概要

設　立：1955（昭和30）年1月
所在地：東京都千代田区紀尾井町3-12　紀尾井町ビル
事業内容：映画館広告およびこれに関わる業務、セールスプロモーション企画・制作、一般広告代理業務
資本金：5,000万円
社員数：90名（2019年12月現在）

URL：http://www.snr.co.jp/

安全・安心・快適を提供することで社会に貢献

三和シヤッター工業株式会社

三和シヤッター工業は、三和ホールディングスのグループ中核企業であり、軽量シャッターの国内シェア50％超、売上高は約２０００億円となるシャッターの国内最大手。創業以来60年余にわたりシャッター、ドアをはじめ、ステンレス、フロント、間仕切などの開口部を中心とした〝動く建材〟を幅広く取り扱い、多くの分野で市場シェア・ナンバー1の地位を確立して堅調に業績を伸ばす企業だ。「〝安全・安心・快適を提供することにより社会に貢献する〟を使命とし、お客様のニーズに応じられるようにまい進してきた」と現社長の高山盟司氏は語る。

●社是・理念

1956 年創立時に「愛情・信頼・勤労」の３つを基本精神として社標を定めた。その後 2002 年に現在の使命である「安全、安心、快適を提供することにより社会に貢献する」を策定。以降、社会に貢献する三和グループの精神は現在まで脈々と受け継がれている。

代表取締役社長

高山　盟司 氏

シャッターやドアは設置後の維持管理が重要な製品である。同社では全国展開のネットワークを通じ、製品開発から、販売、設計、調達、製造、施工、メンテナンスまで、一貫したサポートを実施している。緊急修理やメンテナンスに迅速に対応するため、24時間365日フルタイムサービスを業界に先駆けて導入。施工時のみならず長きにわたって万全なアフターサービスを提供し、製品の安全・安心・快適を保ってきた。

◎創業からの想いを受け継いで

同社は1956（昭和31）年、創業者の高山萬司氏が兵庫県尼崎市で「三和シヤッター製作所」を起業したことに始まる。社名の〝三和〟は当時の社屋があった三和大通り商

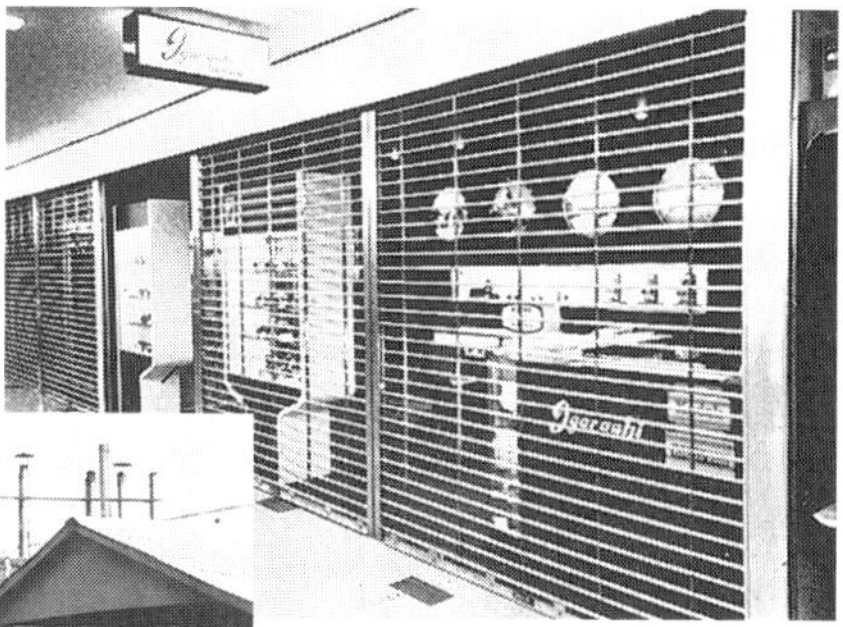

創業当時の社屋（左）と当時の商店街のシャッター

防水シャッター

店街に由来する。その頃はまだ商店街のどの店にも防犯設備などなく、同社が製造した店舗の出入口用の軽量シャッターは瞬く間に普及していった。製造と販売の両輪体制を確立し、事業も軌道に乗り始めた。１９６０年代中頃にはシャッター業界トップの地位を確立。65年までに６つの工場を設立し生産能力も飛躍的に伸びた。以後、わが国の経済発展と共に80年代までに、ドア事業、住宅建材事業へ本格参入。24時間フルタイムサービスを全国展開し、総合建材メーカーとして〝動く建材〟を通じて、社会に貢献することで成長を遂げた。

だが、同社が創業時から掲げる想いは今も変わらない。近年では台風や地震などの災害から人命を守る製品（防水関連商品や窓シャッター等）の開発・販売に力を注ぎ、「安全・安心・快適」を広める努力を続けている。

●長寿の秘訣

シャッターだけでなく、ドア、間仕切、窓まわり商品など、同社では〝動く建材〟を総合的に取り扱っており、受注から設計、製造、施工、アフターサービス、メンテナンス、保守・修理まで一気通貫で請け負える体制を整えている。そのため、顧客それぞれのニーズに合わせた対応が可能で、全国展開のネットワークを通じて、安全、安心、快適な製品を提供できる強みがある。

現在の三和シヤッター工業の社屋

●会社概要

設　　立：1956（昭和31）年4月10日
所 在 地：東京都板橋区新河岸2-3-5
事業内容：シャッター・ドアなど建材の製造販売・メンテナンス・リフォーム業
売 上 高：1,985億円（2018年度）
社 員 数：2,970名（2018年度）

URL：https://www.sanwa-ss.co.jp/

日本の産業・経済を支えて70年の技術商社

サンワテクノス株式会社

各種センサーやコネクター、モーター、FA機器、ロボット、搬送装置、ポンプなど、産業用の機器・部品を販売する独立系技術商社。取り扱いメーカーは安川電機、オムロン、リコーインダストリアルソリューションズ、ミネベアミツミなど約2100社に上る。顧客であると同時に仕入れ先である大手企業と強い協力関係にあり、取引先にとってのナンバー1企業を目指している。

◉新分野開拓へ社員の挑戦を後押し

第二次大戦後、北ボルネオでの収容所生活から解放され

●社是・理念

【社是】人を創り　会社を興し　社会に尽くす

当社は社業を通じて「社是」の実現を目指し、技術商社として市場動向を的確に捉え、グローバルネットワークを活用して顧客への「最新の情報」「価値を生む商品」そして「安全安心を保証するサービス」を提供し続け、提携メーカーとの協業により、産業の振興、社会の繁栄に奉仕して参ります。

代表取締役社長
田中　裕之 氏

た山田徳郎氏が１９４９（昭和24）年に創業した。鉄鋼やダム建設、高速道路、航空機産業、半導体製造装置、カップ麺製造工程、自動運転など、さまざまなプロジェクトに関わり、日本経済の復興と成長に貢献してきた。

顧客の要望に応じて海外にも拠点を展開。95年のシンガポール開設を皮切りに、中国、東南アジア、米国、欧州の12カ国26拠点を構える。これに伴い、海外売上高比率も２０１５年３月期以降30％へ高まった。

現在は21年度に売上高１８００億円を目指す中期経営計画「ＮＥＸＴ　１８００」を策定、推進する。重点施策の１つとして、従来型の代理店事業に加え、エンジニアリングとグローバルＳＣＭ（サプライチェーン管理）ソリューションの強化を挙げている。

グローバルＳＣＭ事業は、顧客の部品調達業務の代行や、部品の変更や生産の外注化を提案するなどしてコスト削減に貢献するビジネス。賃金上昇や米中摩擦に伴い、中国から東南アジアなどに生産機能を移転

本社が入る東京スクエアガーデン（東京・京橋）

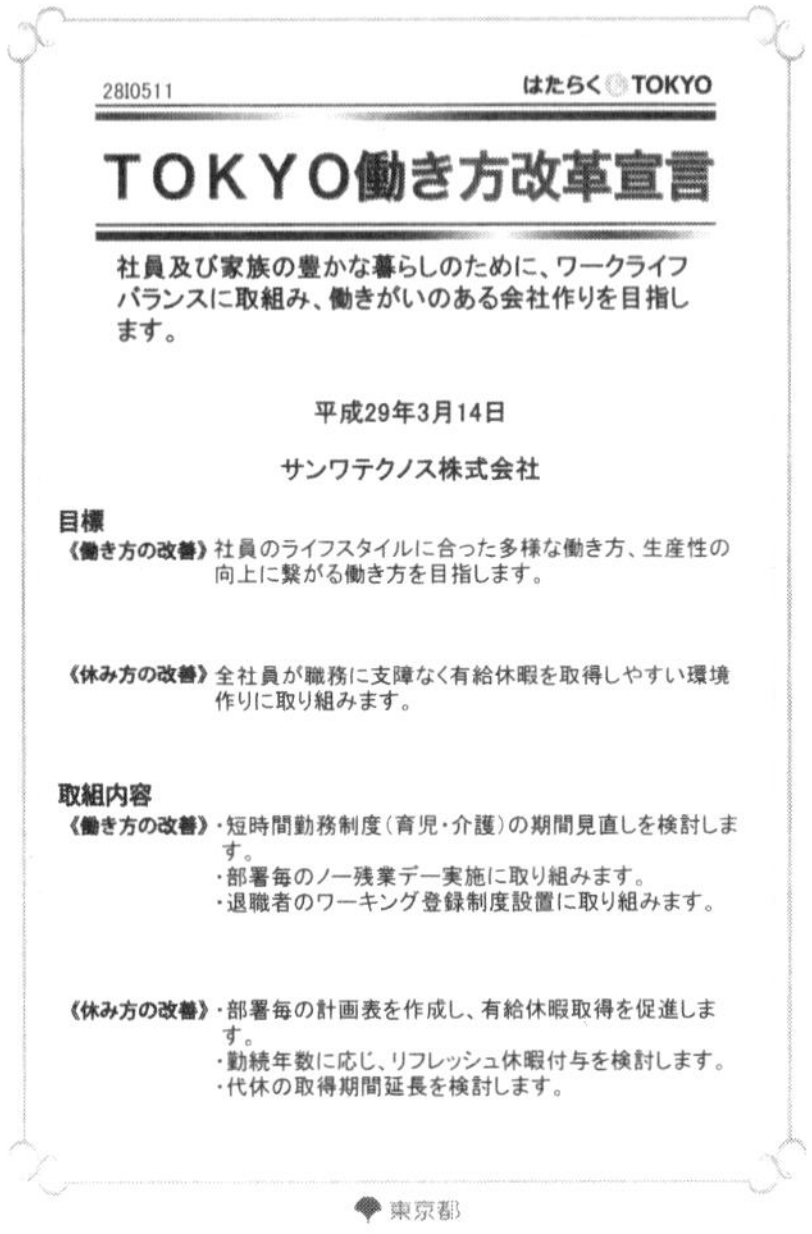
28I0511 はたらく TOKYO

TOKYO働き方改革宣言

社員及び家族の豊かな暮らしのために、ワークライフバランスに取組み、働きがいのある会社作りを目指します。

平成29年3月14日

サンワテクノス株式会社

目標

《働き方の改善》社員のライフスタイルに合った多様な働き方、生産性の向上に繋がる働き方を目指します。

《休み方の改善》全社員が職務に支障なく有給休暇を取得しやすい環境作りに取り組みます。

取組内容

《働き方の改善》・短時間勤務制度（育児・介護）の期間見直しを検討します。
・部署毎のノー残業デー実施に取り組みます。
・退職者のワーキング登録制度設置に取り組みます。

《休み方の改善》・部署毎の計画表を作成し、有給休暇取得を促進します。
・勤続年数に応じ、リフレッシュ休暇付与を検討します。
・代休の取得期間延長を検討します。

東京都

働き方改革にも積極的に取り組んでいる

するニーズも増えており、「19年4月に専門部署を新設し、積極的に取りに行く体制を整えた」と田中裕之社長は話す。

重点施策の２つ目は、海外事業の強化だ。19年8月に海外26拠点目となるホーチミン事務所を開設し、インドへの拠点展開も検討中。また現地社員の登用と育成を進め、日系企業だけでなく現地の優良企業を発掘し、取引に結び付ける方針だ。

新規事業の創出にも着手した。19年度から社内で起業家を募り、有望なテーマには年間1億円の事業予算を与えて挑戦させる仕組みを導入。血管年齢を測る事業など3件がスタートした。また多品種少量生産が可能な提携先を増やしたり、新倉庫管理システムを活用した物流経費の「見える化」による新事業に取り組んでいる。

これらを軸に、25年度に売上高２５００億円に挑戦する基盤づくりを進める計画だ。

●長寿の秘訣

創立70周年を迎えた2019年11月、東京都内のホテルに国内の全社員・OB約600人が集まり記念パーティーを開いた。その場で田中社長は、同社の先輩たちが手がけたさまざまな事例を披露し、「こうした社員それぞれの挑戦が世の中の革新に大いに貢献した」と強調した。創業100年に向け「我々で新しい歴史をつくっていこう」と鼓舞する田中社長にとって、社員全員が挑戦者たちだ。

創立70周年パーティー。「全社員参加は私も入社して40年余で初めて」と田中社長

●会社概要

設　　立：1949（昭和 24）年 11 月
所 在 地：東京都中央区京橋 3 - 1 - 1
事業内容：電機・電子・機械分野の製品・部品の販売・サービス
売 上 高：連結 1,454 億円（2019 年 3 月期）
社 員 数：連結 1,038 名（2019 年 9 月 30 日現在）

URL：https://www.sunwa.co.jp/

「集団プレー」で卓越したものづくりを実現する「縁の下の力持ち」

株式会社信栄製作所

信栄製作所はハイス工具をはじめ超硬工具、ダイヤモンド工具などの複合加工を得意とする特殊切削工具メーカー。「顧客の信頼を得る製品づくり」で成長を続けている。取引先はおよそ400社あるが、うち6割以上が大手・上場企業という。

長年培ってきた精密加工技術が実現した高精度の製品は、自動車をはじめ、エネルギー、航空機、造船、電子関連など、幅広い産業で利用されている。いわば日本のものづくりを支えてきた「縁の下の力持ち」だ。

●社是・理念

常に顧客の信頼と満足を得られる企業でありつづけること

変化に柔軟かつスピーディーに対応できる企業でありつづけること

チャレンジ精神を大切にし、会社と社員が共に成長しつづけること

代表取締役

立野　栄司 氏

◉「熟練職人頼み」ではない高度技能集団

産業界は工作機械の高速化や高精度化、時にそれらと相反する環境負荷低減の両立を迫られている。そのため、切削工具の重要度はさらに増しているのが現状だ。同社はより高能率な特殊切削工具の研究に力を注ぐと同時に、開発・製造・設計の拠点を鹿児島工場に集約した。これにより顧客の要望に柔軟かつスピーディーに対応できる体制を整えると同時にコスト削減も目指す。

老舗メーカーというと、職人たちの勘や経験に頼った属人的な作業で支えられているイメージがある。しかし、同社では精鋭のエンジニア陣が工程全体を厳密にマネジメントし、生産工程の標準化を進めてきた。その結果、過剰品質や不良品の発生を抑制し、社員の誰が手がけても安定供給できる体制が整っている。

非常に高い技能が要求される製品にもかかわらず、「個

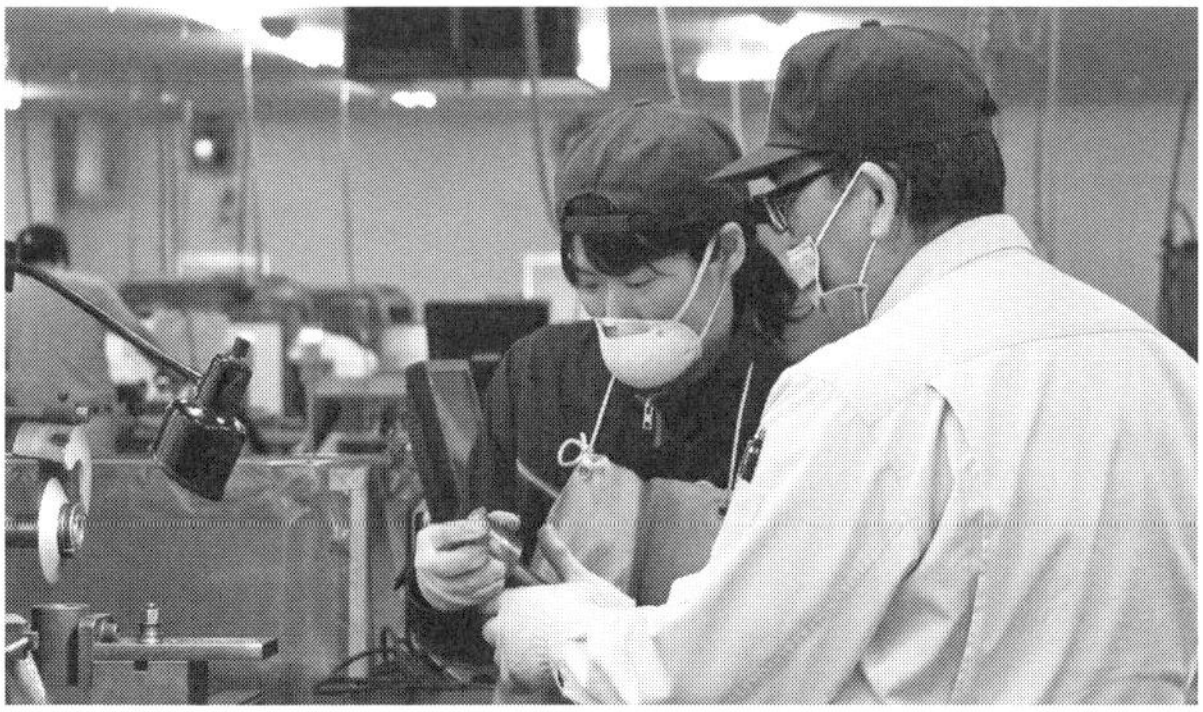

集団プレーで工程全体をマネジメント

「信栄のお母さん」と慕われた芙美子会長

人プレー」でなく「集団プレー」の会社になったのは最近の話ではない。「熟練した職人頼み」が当たり前の高度成長期真っ只中だった時代からの「伝統」だという。

この「集団プレー」は思いがけないところで同社の危機を救った。1988年に創業者の立野哲雄前社長が出張先で倒れ、帰らぬ人となったのだ。妻の立野芙美子会長が社長に就任し、他社にいた息子の栄司社長が呼び戻された。芙美子会長は住み込み社員の世話をしていたが、経営や製造現場にはノータッチ。栄司社長も特殊切削工具の業界は初めてで、当然ながら引き継ぎもない。

そんな苦境で立ち上がったのは社員たちだった。芙美子会長は住み込み社員たちから「信栄のお母さん」と慕われていた。彼らが「こんな時こそ、お母さんを助けるんだ!」と社内をリードして混乱を乗り越えた。早くから社内体制を標準化していたこともあり「社長しか分からない」ことがほとんどなかったため、業務継続に大きな支障は出なかったという。「集団プレー」が信栄製作所の危機を救い、60年を超える成長を支えてきたのである。

●長寿の秘訣

「集団プレー」を重視する会社は多い。しかし、いくら経営陣がその旗を振っても社員がついてこなくては実現できない。同社は2008年に発生したリーマン・ショックの影響で売上が3分の1にまで落ち込み、減産のため週休3日を1年間も強いられるなど大変な苦労をしたが、1人もリストラしなかった。こうした「社員を大切にする」経営があってこそ、強固な「集団プレー」が実現できるのだ。

鹿児島工場

●会社概要

創　業：1959（昭和 34）年 3 月
所在地：東京都大田区本羽田 2-2-12
事業内容：特殊切削工具の開発・設計・製造・販売
売上高：11 億 5,000 万円（2018 年度）
社員数：98 名（2020 年 1 月現在）

URL：https://shin-a.co.jp/

オンリーワンの環境試験機で産業界の技術開発を支援する立役者

スガ試験機株式会社

2020年1月、スガ試験機は創業100周年を迎えた。ビーカー、メスシリンダー、pHメーターなど理化学機器メーカーとしてスタートし、第二次世界大戦後の日本の産業復興と軌を一にするように環境試験機分野に参入し、今では国内外で1000社超のユーザーを抱え、14年には経済産業省の「グローバルニッチトップ企業100選　選定企業」に選ばれた日本を代表する環境試験機メーカーだ。

●社是・理念

技術先行型の会社としてTeam SUGAで“あるべき試験機”を追い求めていく

- ●変化するお客様のニーズに、的確に、スピーディに対応する
- ●日本発の国際基準の試験規格作りへ、積極的に参画し、日本の立場を世界に主張する
- ●ウェザリング技術を通じ、社会に貢献する試験機を創る

代表取締役社長
須賀　茂雄 氏

◉ユーザーに合わせてカスタマイズした試験機を送り出す

日照、降雨、降雪、塩分、摩擦など、日々使用される素材や機器は産業用や生活用を問わず、さまざまな過酷環境にさらされる。スガ試験機ではこれらの環境を再現し、金属や繊維、樹脂などの耐久性を短時間で試験できる装置を開発製造する。世界にはさまざまな環境試験機メーカーが存在するが、耐候、腐食の両方を試験できる環境試験機メーカーは同社のみ。その組み合わせはユーザーに合わせてカスタマイズできる。カタログ掲載品は同社製品の一部に過ぎない。リチウムイオン2次電池を使う自動車業界、化学、工業材料、鉄鋼、大学、公設試験研究機関などユーザーは極めて幅広く、環境試験装置が関係しない産業分野はないというユーザー層の広がりは、同社の将来性を揺るぎないものにしている半面、それに応えるきめの細かい装置開発が求められ

スーパーキセノンウェザーメーターSX75。
太陽光の約3倍の高照度でより早く試験結果が得られる

る。

耐候試験で使われるキセノンランプを、電極から自社で製造するなど、一から試験機づくりができることも強みだ。キセノン光による耐候性試験は現在、スーパーキセノン（高照度試験）という試験装置を市場に投入している。これはより短時間で劣化を促進させる試験で、ＩＳＯ（国際標準化機構）規格にも採用されている。また、カーボン電極から発せられる光によるカーボンアーク試験装置は、現在は世界でも同社だけが提供する。

海外展開は、日系企業の海外進出とともに拡大し、海外政府機関の研究施設や現地企業への納入事例も増えてきている。グローバル展開の中では、古くから中国、韓国、台湾、最近ではタイ、ベトナムなどの国々に納入しているが、更に米国、欧州のシェアも高まってきている。

個々のユーザーのニーズから出発して標準の製品にしていく取り組みが、信頼を勝ち取っている。

さまざまな腐食試験規格に対応する複合サイクル試験機CYP-90

●長寿の秘訣

「知識はインターネットでの検索でも得られるが、試験機は知恵でできている。知識を知恵にしないと。それにはモノづくりへの思いが必要だ」と社長の須賀茂雄氏は社員に訴えかける。試験機械は学問であること。これも同社が貫く姿勢であり、公益財団法人スガウェザリング技術振興財団を設立してウェザリング技術の更なる普及・発展に努めるなど、「思いを持って追求する。試験機はこうあるべき」を実現させようとしている。社長自ら国際標準化関連の会議にも積極的に参画しており、社会基盤を支えるためになくてはならない技術を打ち立てている。

2018年に完成した新しい本社ビル（東京・新宿）

●会社概要

創　　業：1920（大正 9）年 1 月 28 日
所 在 地：東京都新宿区新宿 5-4-14
事業内容：環境試験機（耐候性、腐食等）、色彩測定機器等の生産・販売
売 上 高：54 億 1,700 万円（2019 年 3 月期）
社 員 数：275 名（2019 年 12 月末現在）

URL：https://www.sugatest.co.jp/

資産の多様化ビジネスで躍進する総合不動産

大栄不動産株式会社

終戦から5年、東京駅そばの焼け跡にポツンと建つ1棟の焼けビルを取得する決断をした人物がいた。埼玉銀行（現・埼玉りそな銀行）の当時の頭取、平沼彌太郎氏だ。資本金200万円、この焼け跡に建つビル（八重洲口ビル）の貸室業務を営む会社として設立されたのが八重洲口ビルディング。大栄不動産のルーツである。同社設立の背景にあったのは、「これからの銀行業に不動産は不可欠」という平沼氏の強い思い。初代社長には、元頭取の山崎嘉七氏が就任した。現在の大栄不動産を率いる石村等社長は、「元頭取を社長に据えたところに、平沼さんの重い意

●社是・理念

誠実と信用

●存在意義

私たち大栄不動産は、社会に貢献し、お客様に必要とされる存在であり続けます。

●基本姿勢

私たち大栄不動産は、最新の「知の深化」と「知の探索」を継続し、現在から未来に向けた最適な不動産ソリューションの提供により、お客様の課題解決を実現します。

取締役社長

石村　等 氏

図を感じる。まさに不動産業が必須になると時代を見抜いた氏の慧眼だ」と、解説する。八重洲口ビルディングと同様に、埼玉銀行の肝煎りで関西地区に設立されたのが埼玉ビルディング。１９５８（昭和33）年、この東西２つのビル賃貸会社に、銀行店舗の設計監理を営む池田建築事務所を加えた３社合併で、大栄不動産がスタートした。

◎金融危機で大転換の訪れ

高度成長時代、旺盛な資金需要を背景にした埼玉銀行の店舗拡大に伴い、大栄不動産の保有物件も着実に増加し、業容も自然拡大した。オイルショック以降の低成長時代も、経営環境の大きな変化はなかったが、91年のバブル崩壊とその後の金融破綻に端を発した金融機関の合従連衡は、銀行店舗の賃料収入に多くを依存していた大栄不動産の収益を大きく揺さぶった。さらに２００３年のりそな銀行に対する公的資金注入は、同行の不動産業務を補完する大栄不動産の信用力低下につながった。「それまで当社にはある意味、夜郎自大

日本橋の脇に建つ旧本社

同じ場所に建つ現本社

の雰囲気があった。ここからスタンドアローンの道を開拓していく当社の新たな歴史が始まった」(石村社長)という。

公的資金注入による経営環境の激変で、優良な不動産物件の多くを売却したものの、バブル時代に無理な不動産投資に手を染めなかったこともあり、健全な土地資産は少なからずあった。まずは保有資産を着実に増やして基礎収益を固めるとともに、住宅事業では大手デパロッパー各社と組んで共同のマンション分譲事業を積極化。住宅事業においては、当社の独自ブランドにのみ拘るのではなく、相手先ブランドでマンション分譲を次々と展開する一方、保有資産を物流施設やホテルなどに活用し運営を委託するなど、環境変化に合わせて資産を多様化させる手法で事業領域を広げてきた。人材教育も怠らない。各種のビジネススクールへの参加を進める一方、中堅社員を2年間りそな銀行へ派遣し、銀行の実務を経験させる取り組みを開始した。石村社長は、「社員の知識装備率を高めて、環境変化に対応できる強固な事業基盤を築いていく」と力強い。同社の総合不動産事業のフィールドは、今後も拡大していくことになるだろう。

●長寿の秘訣

6月で社長在任10年となる石村社長。りそな出身でありながら、銀行に近い立ち位置での従来ビジネスと一線を画し、次々に新規事業を立ち上げ成長させてきた。また、資金調達においても、銀行に頼るだけではなく、公募債の発行や不動産証券化手法の活用など、これまでにない取組みに着手してきた。石村社長自身は、「過去に蓄積された基盤があったおかげ」と言うが、金融危機に翻弄された同社の歴史は、変革なくして企業存続はあり得ないことを実証している。

グリーンフォレスト

●会社概要

設　立：1950（昭和 25）年 11 月
所 在 地：東京都中央区日本橋室町 1-1-8
資 本 金：25 億 2,700 万円
事業内容：ビルの賃貸・管理、不動産の売買・仲介・鑑定、開発事業、住宅分譲、駐車場の運営・管理、有料老人ホーム運営・管理
営業収益：316 億 7,600 万円（2019 年 3 月期）
社 員 数：168 名（2019 年 3 月末現在）

URL：https://www.daiei-re.jp/

建物に命を与える使命を担う
総合設備のプロフェッショナルグループ

大成温調株式会社

大成温調はオフィスビルなど一般施設や、工場などの産業施設の空気調和設備と、給排水衛生設備の設計・施工などを行っている。新築建物だけでなく、竣工後の建築設備のリニューアルやメンテナンスにより、快適で安全な空間を長期的に提供すると同時に、建築物の省エネ対策やCO_2削減など環境対策事業にも力を入れている。

１９４１（昭和16）年に創業。「お客様第一主義」を基本理念として、建築設備全般における、質の高い設計・施工管理・維持保全サービスを追求している。

建物には必要不可欠な同社のサービスは、国内だけでな

●社是・理念

【社是】お客様第一

大成温調グループは「信頼」と「誠実」の経営を通じ、「人財」と「技術」をもって、社会に選ばれる会社であり続けます

代表取締役社長

水谷　憲一 氏

く、海外でも好評だ。1980年代と業界でも早い時期から、アジアを中心に汎太平洋圏に渡って海外拠点を置き、積極的な事業展開を実施している。

◉トータルな提案とリノベーション対応が強み

特に大成温調が強みを発揮しているのは、新築・リニューアル問わず、建物設備全般をワンストップでカバーできる点だ。

「設備系の同業他社の多くは、電気だけ、あるいは空調だけというような、専門分野に特化するケースが多いが、当社はサービスの幅がワイドで、俯瞰的な視野からのバランスの良いソリューションを提供できる。リノベーションなどアフター系は、新築案件よりも制約が多い分、技術的な難易度は高いが、我々はこれまでの実績と経験により、すでにある設備を上手に活かしながら、お客様のニーズに合った提案が可能となる豊富なノウハウを積み上げている」水谷憲一社長は自社の将来の方向性として、「総合たてものサービス」を志向するとしている。

設備改修工事を担当した
「京都四條南座」

建物設備全般をワンストップでカバー

◉次の時代に向けた新しいブランドLIVZON

水谷社長は大成温調が提供するサービスは、社会に無くてはならないものだと考えている。「建物は単に立ち上げただけでは、器を作ったことにしかならない。空調や給排水設備など、建物としての重要な機能を加えることで、建物の役割に即した環境が誕生する。私達はそうやって、建物に『命』を吹き込む仕事をしている」

創業80年を迎える2021年を前に、同社では事業やサービスをLIVZON（リブゾン）と名付けてブランド展開していく。生きることや暮らしを表すLIVEと大成温調のONを付けた新しいブランド名で、建物に命を吹き込む同社の想いが込められた。

「社是に掲げたお客様第一主義を貫き、新しい時代のニーズに合った価値やサービスを提供していきたい。一人一人が会社のためでなく、真にお客様のために仕事ができる環境を整えていく」としている。

●長寿の秘訣

若い現社長のもとで行うブランド戦略や海外進出など、積極姿勢が目立つ同社だが、その実態は意外にも先代が築き上げた、地に足の付いた着実な路線を踏襲している。長寿の秘訣も「お客様第一主義」に則って、地味に顧客のニーズを拾い上げてきた結果だ。同社が勝ち得た高い信頼性は、一朝一夕には得られない。

バランスの良いソリューションを提供

●会社概要

設　立：1941（昭和 16）年 4 月
所 在 地：東京都品川区大井 1-47-1
事業内容：空気調和・給排水衛生・電気設備工事および建築一式工事の設計・施工管理など
資 本 金：51 億 9,505 万 7,500 円
売 上 高：連結 548 億 4,900 万円（2019 年 3 月期）
社 員 数：615 名

URL：http://www.taisei-oncho.co.jp/

倉庫業界の常識を覆し物流クリエイターへ

株式会社ダイワコーポレーション

さまざまな生産活動をサポートして消費者にモノを届け、人々の暮らしに欠かせない物流業。物品購入の多様化により近年、注目されているこの業界で急成長を遂げている企業がある。15年ほど前までは30億円台だった年間売上高を、２０１９年3月期は１５２億円と約4倍に急増させたダイワコーポレーションだ。

◉いち早く物流不動産事業に挑戦

曽根和光社長が総合商社を経て入社したのは１９９２年。バブル崩壊で年間売上高は23億円と前年より10億円以

●社是・理念

【基本理念】
人とモノの真ん中に

ダイワコーポレーションは、人を、モノを、つなぐことで、あらゆるモノの流れを生み出し、人々の豊かな生活を支えます。

世の中の動きやつながりの真ん中に存在することで、常にお客様の要望にお応えし、また新たな価値を生み出します。

代表取締役社長
曽根　和光 氏

上も減少し、父で当時社長だった功氏はビル賃貸業への転換も検討した。だが曽根社長は逆に先手を打って物流拠点を増やすべきだと主張した。

顧客の要望があって初めて倉庫を建設するというのが2000年代前半の倉庫業の一般的な考え。これに対し、大型で高機能な倉庫を建設すればニーズは必ずあると考え、先行型の「物流不動産」ビジネスに打って出た。「規模を拡大することは危険分散にもなる」と曽根社長。倉庫のオーナーや土地所有者らとの交渉力や信頼関係が高まり、拠点の「仕入れ力」も磨かれていったという。

昨今、災害時のリスク分散や環境負荷に対する意識など、顧客の要望が多様化・高度化している。同社はより顧客の要望に応えるため、これまでの戦略を拡大する。

これまでは東京湾岸部の1都3県に集中して投資するエリア戦略をとってきたが、現在の24拠点に加え、関西地区への拠点進出を検討中であり、21年には沖縄県島尻郡南風原町に倉庫を開設することが決まっている。また、営業倉庫業・賃貸業にこだわらず、業容を拡大する土台としてホールディン

物流不動産案件

和く和くプロジェクト

グス体制を整えた。もちろん、現業でも「劇的な品質向上」を目標に掲げ、在庫差異や庫内事故の撲滅に挑戦している。単なる倉庫業ではなく、顧客の物流業務を丸ごと担う物流クリエイターを目指しているからだ。曽根社長は「お客様に感動していただける物流サービスを提供することを目標としている」と語る。

学生の就職先で人気がないとされる物流業界にあって新卒採用は好調だ。その理由は、入社3年までの若手社員がチームを組んで大学生の採用活動に取り組む「和く和くプロジェクト」にある。メンバーで議論しながら広報活動やインターンシップ、会社説明会、倉庫見学などの企画・運営を担う。初年度の15年は20 0人だった説明会参加者が19年は410人へと倍増し、入社人数も6人から11人に増えた。曽根社長は「結果として若手社員は自らが気づき、考え、行動できるようになる」と〝社員教育〟効果も狙っている。

●長寿の秘訣

「NOと言わない経営」が信条。顧客のどんな要望に対しても「まずはYESで受け入れる」ことを全社員に根付かせている。自分たちだけでは解決できない課題でも、パートナー企業と協力すれば、要望に応えることができる。「ダイワに話せば解決の糸口が見つかると思っていただくことが大事。すぐに利益に直結しなくても、信頼関係が深まることで未来につながっている。」と曽根社長。2021年に70周年を迎える同社は、100年企業を目指し、現状維持に満足せず、挑戦し続ける。

倉庫現場

●会社概要

設　　立：1951（昭和26）年10月
所 在 地：東京都品川区南大井6-17-14
事業内容：普通倉庫業・倉庫施設等の賃貸業など
売 上 高：152億円（2019年3月期）
社 員 数：225名（契約社員、パート含む）

URL：https://daiwacorporation.co.jp/

東京都の中央に位置する立川市の不動産開発事業で地域貢献を目指す

株式会社立飛ホールディングス

今年で創立96年となる立飛ホールディングスの前身は、国産飛行機の「赤とんぼ」や「隼」で有名な「立川飛行機」だ。のべ1万機弱の飛行機を製造し、在籍総人員数は4万2千人余を数えた時期もある。

戦後はGHQ（連合国軍最高司令官総司令部）に所有不動産の大半を接収されたが、第二会社を設立し、接収を免れた施設で航空機製造の技術を生かした製造業を行い、第一会社も資産状況が良好だったため事業を清算せず存続することが認められた。1977年にGHQから完全返還されたのちは、2社ともに上場企業として製造業と不動産賃

●社是・理念

不動産事業を中核に、従業員の幸せを通じて社会貢献する

代表取締役社長
村山　正道 氏

貸業を行っていたが、2012年に資本政策上、事業政策上の問題を解決し、各々の所有不動産を一体開発することを目的として2社同時に非公開化し統合する再編を行った。そして新生立飛グループとして13年には製造部門を全て廃止し、村山社長が「立川と共に歩む企業として、地域社会との調和を図る不動産開発を検討、実施しています」と紹介するとおり、不動産開発を中心とした事業を展開している。

◎立川に貢献する不動産事業へ大変身

現在立飛グループで所有している土地は約98万平方メートル。立川市の面積の約1／25を占め、立地はＪＲ立川駅から約2キロ圏内と利便性も高い。

所有不動産は社会資本財であり、地域貢献を果たすべきという考えのもと、10年の三井不動産との共同開発による「ららぽーと立川立飛」をはじめ、「タチヒビーチ」「ア

所有不動産

（街区名称）GREEN SPRINGS

リーナ立川立飛」「ドーム立川立飛」のほか、企業主導型保育事業「Ｆｕｊｉ赤とんぼ保育園」といった人々の生活に欠かせないインフラ的な不動産開発や「（街区名称）ＧＲＥＥＮ ＳＰＲＩＮＧＳ」という多目的ホール、ホテルなどの大規模複合開発も展開している。

また立川で暮らす人々の幸せが延いては会社の発展につながると考え、文化事業やスポーツの協賛なども積極的に行っている。

今年の夏には民間で唯一オリンピックの事前キャンプを誘致するなどスポーツを通じて、まちを盛り上げる取組みを実施する。またかつて立川で飛行機を製造していたというまちの歴史を地域の子供たちに伝えるため、飛行可能な「赤とんぼ」を復元し空へ飛ばすプロジェクトも進めている。

今後について村山社長は「次の50年を見据えた事業展開を考えたい」と抱負を語ってくれた。

●長寿の秘訣

不動産事業を行いつつ自らの「モノづくり」のルーツを忘れず、歴史を継承していこうとする立飛グループ。その土地活用は、他の不動産会社とは一味違って、質を求めるモノづくりの血が脈々と流れているように見える。企業が業態を変化させながら生き残った、最高のお手本となっている。

陸軍九五式一型練習機「赤とんぼ」【写真提供：航空ファン】

●会社概要

設　立：1924（大正 13）年 11 月
所 在 地：東京都立川市栄町六丁目 1 番地　立飛ビル 3 号館
事業内容：グループ持株会社、グループ経営方針策定、グループ財務・広報、グループ総務・経理、グループ及び自社所有不動産開発、新事業推進、宅地建物取引業
資 本 金：1,500 万円
社 員 数：232 名（グループ）

URL：https://www.tachihi.co.jp/

自動車レースで培った技術力で新分野開拓

タマチ工業株式会社

2019年6月、フランスのル・マン24時間耐久レースで2年連続して優勝したトヨタ自動車のレーシングカー。その心臓部であるパワートレーン部品を製造し、チームをサポートしたのがタマチ工業だ。高い精度と耐久性が求められるF1やWEC（世界耐久選手権）で培った技術力をもとに、日本の宇宙開発を担うH2ロケットのバルブ製作を手掛けたほか、医療機器や金属積層造形など新たな事業分野にも挑戦している。

●社是・理念

【企業理念】

未来歴史づくり（将来を自ら開拓していくこと）

代表取締役社長

米内《よない》　浄《きよし》氏

◉多彩な工作機械と測定機が技術力の証

太田邦博会長の父・祐茂氏が会社を設立したのは1962年。だが源流は祖父の祐雄氏が1912（明治45）年に創業した太田工場に遡る。完成車メーカーとして36（昭和11）年に第1回全日本自動車競技大会に出場し、ダットサン（日産自動車）を制して優勝。戦争を挟んで紆余曲折はあったものの、レースのDNAは脈々と受け継がれている。

主力事業はモータースポーツを柱とした自動車部品製造。ただ「以前は1レースでよかった部品の耐用期限が長いものだと1年間へと長期化し、生産量は減っている」と米内浄社長は明かす。このため狭くなった血管を拡張・維持するステントや血栓血管内治療器、内視鏡など医療機器分野に進出した。歩くのが難しくなった人のリハビリを手助けする補助いす「R－cot」も自社ブランド商品に向けて開発し、大学病院や福祉施設などにモニターになってもらっている。

また金属3Dプリンターを導入し、切削加工や鋳造では困難な複雑な形状を実現する金属積層造形分野にも進出。

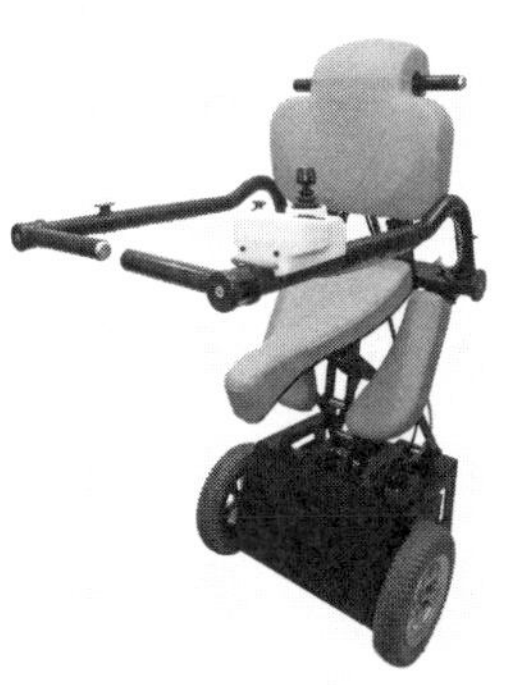

自社開発介護福祉向け歩行補助いす「R-cot」

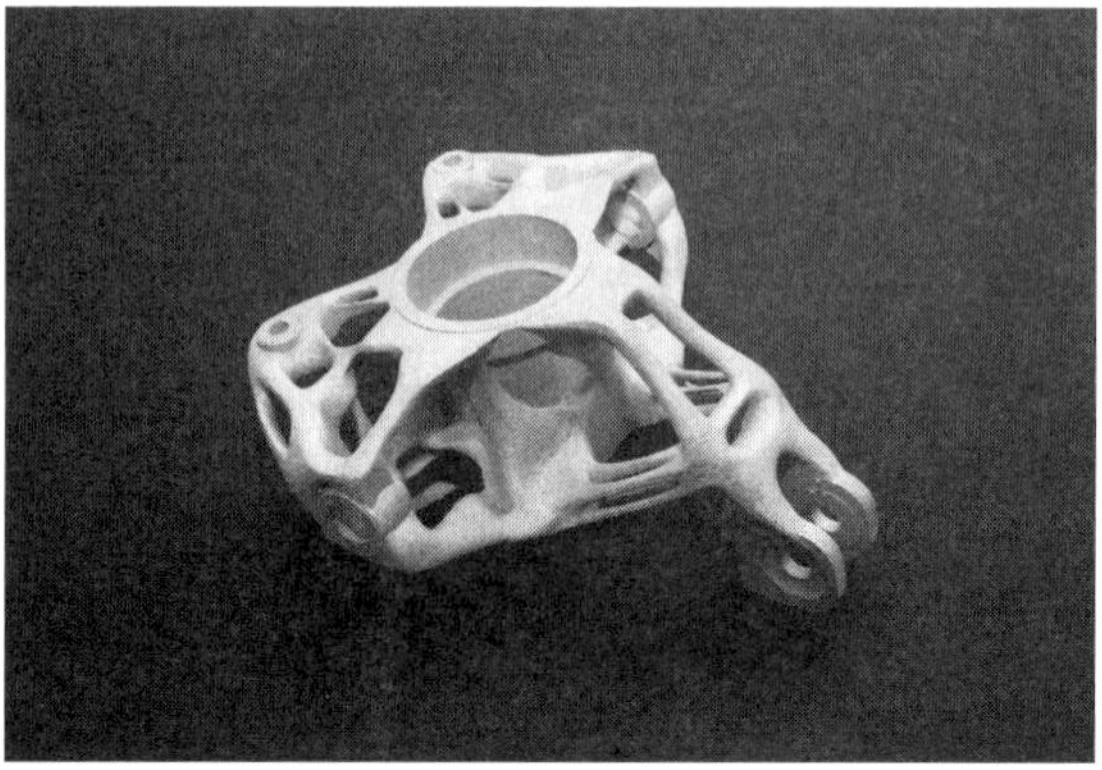

金属3Dプリンター製自動車競技用部品トポロジー最適品

ユーザーとして使ううちに「チタンやアルミなど高額な金属パウダーをリサイクルできないか」と考え、回収装置を自社開発、外販にも乗り出した。

最大の強みは西富士工場（静岡県富士宮市）の加工設備群だ。6つの工場棟には5軸マシニングセンター（MC）を11台、横型MCを9台、立型MCを18台設置。このほかCNC旋盤8台、CNC研削機9台、3次元測定器11台をはじめ金属加工に必要なあらゆる設備が林立する。「敢えて攻めの設備投資を行った結果、従業員の技能育成にも役立っている」と米内社長。環境ISOの取得など社会課題への対応にも取り組む。

現在は3億円超を投じて7棟目を建設中だ。新工場は「無人化」がキーワードで、20年夏に完成する見通し。少子高齢化に伴う人手不足や働き方改革をクリアし、新たなモノづくりの姿を描こうとしている。

●長寿の秘訣

中期経営計画の柱として、発電機用エンジンと高級スポーツカー用パワートレーン部品という２つの新規事業を掲げた。いずれも年100台未満という高付加価値・中量産分野で、５年後には年商で数億円規模のプラスを狙う。「モノづくりにかけた先人たちの情熱に恥じないよう最先端の技術に挑戦する」と米内社長。卓越した技術と営業力を駆使し、新たな可能性に取り組んでいる。

ル・マン24時間の優勝車TS050

●会社概要

設　立：1962（昭和 37）年 11 月
所 在 地：東京都品川区南大井 4-10-2
事業内容：自動車部品・医療機器・積層製品の製造・販売
売 上 高：20 億円（2019 年 5 月期）
社 員 数：124 名（2019 年 4 月 1 日現在）

URL：http://tamachi.jp/

現場を見つめて独創的な製品開発を続ける光学測定機メーカー

中央精機株式会社

工作顕微鏡「ツールスコープ」で知られる1955（昭和30）年創業の光学測定機メーカー。顕微鏡といっても、おもに実験研究などで用いられる高倍率顕微鏡と違い、ツールスコープは工作機械の刃先の摩耗など、おもに製造工場の現場で使われる倍率約10倍の顕微鏡のこと。試料から165㎜のところでピントが合うため使い勝手に優れ、これまで改良を重ねながらも、57年の初号機投入以来、累計販売台数12万本に達するロングセラーだ。

●社是・理念

「Science Spirits」
「Independence Spirits」

代表取締役社長
新川　雅幸 氏

◉光学と位置決め＆特注品開発の3本柱

工作顕微鏡でスタートした中央精機だが、その後の歴史は光学系製品だけでもレーザーやオートフォーカスといった新技術を次々に取り込み、事業領域を大学や研究機関などの研究開発用途にも拡大。さらに70年代にスタートした各種位置決め用のステージ製品群が着実に成長し、現在は光学系製品とステージ製品が同社の主力になっている。こうした事業拡大の歴史を物語るのが、74年に15頁で発行し無料配布を始めた同社の製品カタログだ。創業社長の堀田節夫氏の発案で毎年発行し続け、ピーク時は上・下巻の合計1000頁程度に増大。いまなおWEB版とは別に、隔年発行しているが、「掲載点数は5000点をくだらない」（篠崎行啓品質保証部本部長）という。

実は同社には、光学系とステージ系のほかに特注品という第3の事業が存在する。まだ汎用品がない試作段階などで、顧客から特定の要求を満たす製品の開発を依頼されるケースだ。「かつて某VHSメーカーに特注品で納めた

オートフォーカス顕微鏡を搭載したゲートシステム

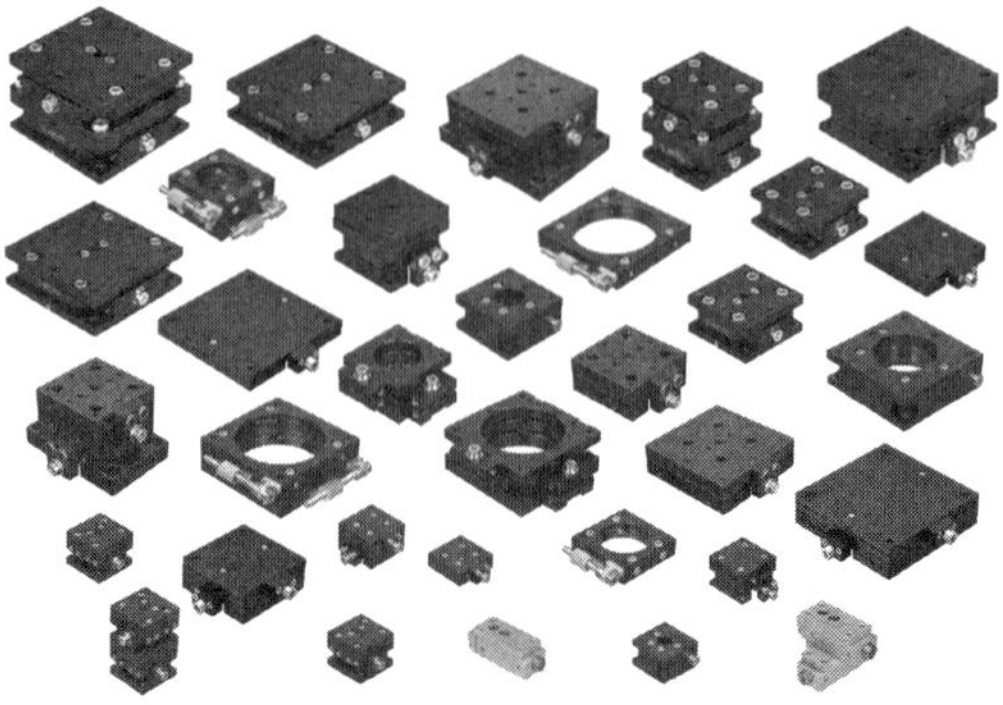

フィックスステージ

ヘッド測定器が、やがて国内VHSメーカーのほぼ全社で採用された」（篠崎本部長）というように、特注品開発で培った知見と技術からさまざまな製品を汎用化していく流れをつかんだ。2代目社長で現監査役の古荘貞男氏は、「半導体や液晶業界などで、まだ標準品がない時代、顧客と一緒にモノを作ってきたことが大きい」と、同社成長の理由を説明する。

2018年、ノーベル賞候補にも上がった東京大学の香取秀俊教授が開発した光格子時計。超微細な重力の違いを測れるスーパークロックだが、中央精機の動かない位置決めステージ「フィックスステージ」が、この時計に使われた。位置を調整した後のクランプ作業時などで、ずれてしまうのを防ぐ新発想の器具だが、これも現場の声を吸い上げて商品化にこぎつけた。創業時のツールスコープと同じく、これからも現場に根差した製品開発が続きそうだ。

●長寿の秘訣

営業は決して強くない。それを補うだけの技術力がある。長く一品生産を手掛けてきた同社の評価軸は高い製品開発力にある。しかし中央精機の力の根源は、顧客本位で貫徹された創業以来の営業姿勢にあるかもしれない。顧客の要望から逃げずに解決策を導く。顧客のために解説付きのカタログを隔年発行する。妥協しない文系出身の堀田創業社長は、営業のツボを見事に捉えていたようだ。

1987年11月操業開始した白河工場

●会社概要

創　　業：1955（昭和 30）年
所 在 地：東京都千代田区神田淡路町 1-5　及川ビル 2F
事業内容：精密位置決めユニット、光学機械器具の製造および販売
資 本 金：1 億円
社 員 数：86 名（2019 年 12 月現在）

URL：http://www.chuo.co.jp/

どんな小さな問合せも断らないモノづくりに貢献するプロ集団

東京ベルト株式会社

代理店でありながら、顧客のニーズ、困りごとにとことん対応し、どんな小さな問合せも断らない。経営的には必ずしも効率の良い商売ではないが、「そんな姿勢を貫いてきたことが当社の強み」と話すのは、創業家で三代目となる前田淳社長。「『取り扱ってません』といえば、それで済む大手商社さんと違い、ウチが断っていては仕事にならない」と苦笑いする。

ベルト・ホース類を扱う問屋として、戦後まもなく神田須田町で創業。三ツ星ベルトの代理店となり事業を順調に伸ばしたが、創業社長が若くして他界、16年間にわたり同

●社是・理念

1）工業用部品に関する顧客のお困りごとを解決し、商品・情報の提供を通じて、①製造業の発展、②人々が健康で生き生きと過ごせる調和ある社会の実現、に寄与します。

2）法令・規範を遵守し、良き企業市民として社会・環境に対する責任を全うします。

3）従業員の生きがい・働きがい・生活の安定を実現し、「従業員と共に伸びる会社」を目指します。

4）事業活動を通じ、仕入先・顧客を中心としたステークホルダーの繁栄に寄与します。

代表取締役社長
前田　淳 氏

社から経営トップを送り込んでもらう時代が続いた。1975（昭和50）年に創業家二代目の上田恒生現会長が社長に就き、同年現在の部品加工部門の原型となる樹脂事業部を設立したことで、単なる代理店とは一線を画す東京ベルトの骨格ができあがった。

◉コアな情報の蓄積で顧客の課題を解決

樹脂事業部は、特装車輌メーカーに金属部品代替品として軽量・無潤滑などの特徴を持つエンジニアリング・プラスチックを拡販することから始まり、88年には樹脂加工工場（現ＴＪＫＣ）の開設に及んだ。その後も加工領域を樹脂加工から、ゴム加工、金属加工と拡大し、現在ではベルト、ホースに次ぐ第三の事業になっている。顧客のニーズにとことん向き合えるのも、自社の加工技術があればこそ。「断らない東京ベルト」の拠り所でもある。

さらに断らない背景にあるのが、徹底した現場主義に基づく生きた情報の蓄積だ。現在、同

約600ブランドに及ぶ多彩な製品を扱う

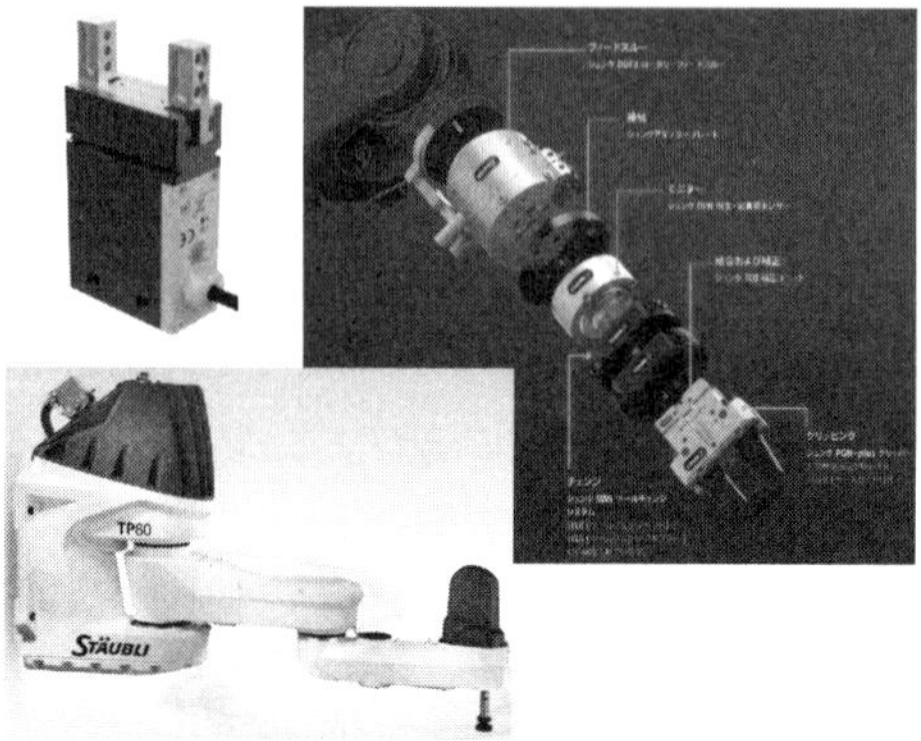

FAロボット事業部を新設、新事業開拓に挑む

社の仕入れ商品は６００ブランドに上る。それら製品の特性を熟知した営業社員には、顧客の現場で発生する多様な問題、課題を解決に導く生きた情報があるという。「インターネットで得られる情報ではなく、メーカーや仕入れ先、協力工場などフェイス・トゥ・フェイスで得られるコアでニッチな情報の蓄積」（前田社長）が、東京ベルトの生命線だ。

将来成長を見据えたチャレンジングな取り組みも始まった。図面がなくても現物サンプルから同等品の製作を行うソリューション型のリバースエンジニアリング・サービス「Ｔ－ＲＥＸ」のほか、ウェブを用いた海外の現地ローカル企業向けの輸出販売を本格化。さらに２０１８年にはＦＡロボット事業部を設立し、海外製の空圧機器やロボット周辺機器を軸に、顧客のシステム構築をサポートする。これら新規事業で、第４の柱を築いていく方針だ。

●長寿の秘訣

商社にして商社らしくない。これが同社に対する率直な印象だ。利ざやを求めて売り手本位になりがちな業態にあって、どんな注文にも真摯に対応し、解決の糸口を見つけるプロ集団。モノを売るのではなく、ソリューションを売る。前田社長も、「社内には活気がある」と嬉しそう。東京ベルトは、新たな商社のカタチを具現化しようとしている。

社員研修にも積極的（キリンビール工場見学会）

●会社概要

創　　業：1946（昭和 21）年 5 月
所 在 地：東京都台東区北上野 2-4-6
事業内容：ベルト・ホース類、FA システムの販売および部品加工
売 上 高：29 億円（2019 年 9 月期）
社 員 数：64 名（2019 年 9 月現在）

URL：http://www.tokyo-belt.co.jp/

溶解から完成品まで一貫生産する精密合金材料メーカー

株式会社東京ワイヤー製作所

1916（大正5）年、創業者の山田豊吉氏が、東京ワイヤー商会を設立し、エナメル線の販売を始めたのが同社の始まりだ。8年後には、東京都板橋区に電気抵抗合金線やエナメル線、絹巻線の製造工場を立ち上げ、昭和初期に工場を現在の大田区に移転し、関東大震災や太平洋戦争、オイルショックなどの多くの困難を乗り越え、創業100年超の歴史を刻んできた。現在は製造部門を岩手県に移管しているが、熱電対・補償導線、電気抵抗合金など、原材料の溶解から最終製品まで一貫生産体制を持つ国内唯一の精密合金材料メーカーである。

●社是・理念

私達の会社は、自分達の固有技術―創造力―で裏づけされた豊かな感性―独創力―で、“夢のあるものづくり”をしたいと考えています。

私達が原材料の溶解や金型の設計～製造から最終製品、例えば温度センサー・補償導線や電気鍍金線材を一貫生産し、さらに超電導線や生体材料の新しい分野にチャレンジしているのも“夢のあるものづくり”に私達の夢と可能性を託しているからです。

私達は、社会の変化とニーズに的確に対応出来る製品の開発に取り組み、“夢のあるものづくり”を目指しています。

私達の会社は、色々なことをやっている会社です。そして、色々なことをやろうとしている会社です。

代表取締役
山田　洋義 氏

◉自社固有技術に基づくものづくりにこだわる

100年を超える歴史について、3代目となる山田洋義社長は、「自社技術を基盤とする原材料メーカーに徹し、創業以来3代にわたり精密合金材料の溶解から最終製品までを一貫生産する形態を守り続け、その時代に即して、対応してきたことが大きい」と話す。

一貫生産による短納期、コスト対応力も大きい。顧客から納期や価格、あるいは仕様に関してさまざまな要望が寄せられても、自社で完結できるため柔軟に対応できる。これが多くの顧客の信頼獲得につながった。しかも同社は、古くから多様な合金材料の生産に取り組んできたため、製造設備の多くを内製している。顧客が抱える開発課題に対して、開発目的に最適な製造設備を自社開発できるので、開発段階から実効性のある提案が行えることも強みの一つだ。さらに自社技術や設備を

原材料の溶解から手掛ける

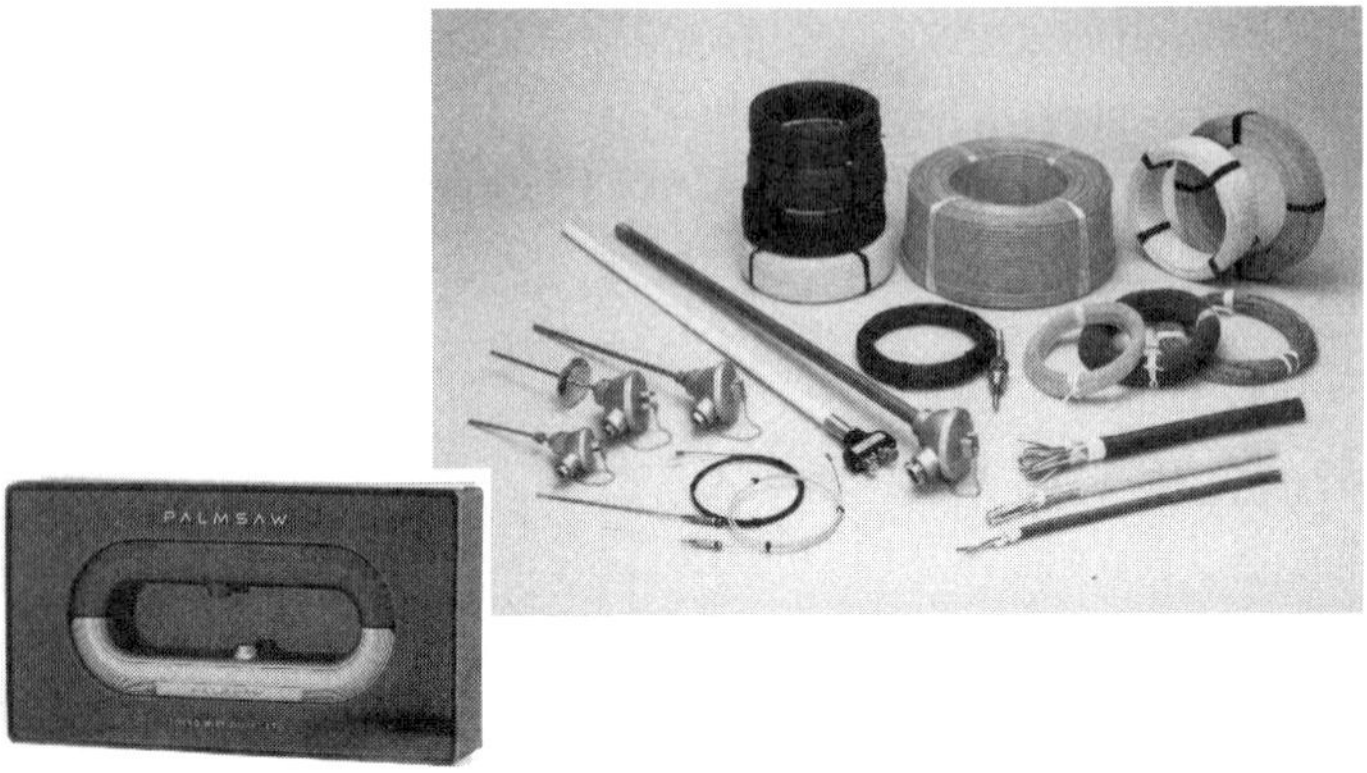

主要製品群（上）と自社ブランド「パームソー」（下）

融合した新たな製品展開も見られる。現在同社には、電気抵抗合金、電気鍍金、超電導の3つの事業部門があり、超電導部門として国際熱核融合炉（ＩＴＥＲ）計画に用いる超電導線のクロム連続電気鍍金加工技術を開発した。この開発したクロム鍍金加工技術は、熱核融合炉の実用化とともに、その将来性が期待される。山田社長は「電気鍍金と超電導の合わせ技。当社独自の生産技術を生かせば、新製品開発にもつながる」と見ている。

最近は、岩手県の依頼で、難加工材のコバルト・クロム合金線材の加工法を確立したのを機に、３Ｄ構造の複合撚り線ワイヤソーを開発。医療向けに需要開拓する一方、アウトドア用品として、同社初の自社ブランド「パームソー」をウェブ販売している。今後も原材料メーカーの立ち位置を基本に、〝夢のあるモノづくり〟をモットーに、研究開発を続けていく方針だ。

●長寿の秘訣

「創業以来、目の前の現実を淡々とこなしてきただけ」。こう自社の歴史を振り返る山田社長の言葉ににじむのは、肩肘張らず、背伸びせず、モノづくりに徹してきた100年の誇りと自信だ。最新の設備導入により、「効率を求めれば、無駄が増える。時間を大切にすれば利益はついてくる」という氏の持論は、混迷を深める日本のモノづくりに対する提言なのかもしれない。

岩手県一関市にある花泉工場

●会社概要

創　　業：1916（大正 5）年 12 月
所 在 地：東京都大田区西六郷 2-30-9
資 本 金：4,000 万円
事業内容：精密電気抵抗材料、熱電対・補償導線、電気鍍金材料の製造販売
社 員 数：45 名（2019 年 12 月現在）

URL：http://www.twire.co.jp/index.html

シェア4割超のニッチ・トップ企業

東特塗料株式会社

エアコン、冷蔵庫、洗濯機といった家電製品から、パソコン、スマートフォン、さらには自動車まで、さまざまな製品に使われているモーター。このモーターに使用されるコイル類に絶縁性を持たせる塗料「電気絶縁ワニス」を製造するのが東特塗料だ。国内市場占有率は43%とトップシェアを誇り、世界市場でも台湾、インドネシア、中国の子会社を含めると16%で2位。電気絶縁塗料というニッチな分野では世界的な企業といえる。

●社是・理念

【企業精神】
技術立社（新技術への探求と創出）
【企業理念】
存在意義　東特塗料株式会社は絶縁ワニス・電材接着剤の可能性を広げることを通じて、豊かな社会の発展に貢献します。

代表取締役社長
荒川　淳也 氏

◉絶縁材料で電機・自動車産業を支える

池田聡会長の祖父である稲葉豊英氏が1950（昭和25）年、東京特殊電線塗料として東京都江戸川区で創業した。コイル類のもととなる銅線やアルミ線に焼付塗装する際に用いるワニスを製造し、62年には埼玉県本庄市に合成樹脂ワニスの専門工場と研究所を建設。エレクトロニクス産業とともに日本の経済成長をけん引してきた。

特筆されるのは、いち早く海外に進出した点だ。大手家電メーカーが工場進出する遙か前の76年に台湾に合弁生産会社を設立。2001年にはインドネシアと中国に相次いで工場を設立し、現地生産を始めた。今では海外3拠点で国内の5倍以上を生産する。

家電産業の海外シフトに伴い国内生産は縮小しており「海外拠点からの配当金で本社は経営を維持している」と池田会長は冗談半分に笑う。15年に中国・東莞市、19年3

埼玉県　本庄工場

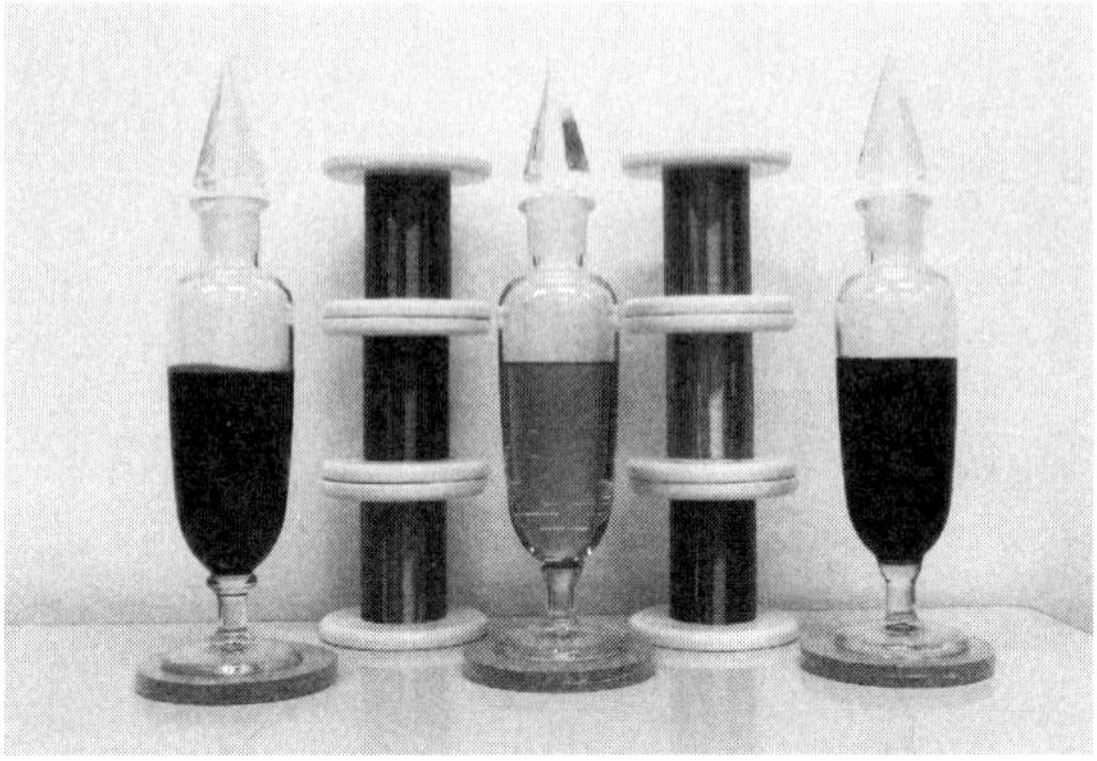

当社製品（ワニス）と焼付けエナメル線

月にはインド・ナビムンバイに販売拠点も開設。また取締役8人のうち台湾人が2人、中国人の女性取締役が1人就くなど、経営陣もグローバル化に対応している。

とはいえ国内対策の布石は着々と打っている。「弱電・家電からの脱却」を目指し、ナノテクを使って熱伝導性に優れたLED基板向けの接着剤を開発。10年に金沢工業大学とソーラーカー用エナメル線の研究を進め、13年には台湾・工業技術研究院と共同で電気自動車やハイブリット車向けに熱伝導性に優れた絶縁材料の開発に着手した。環境に優しい製品の開発も進め、サンプル出荷を始めている。

「ワニスは世界全体でも800億円程度しかないニッチ市場」と荒川淳也社長。海外生産シフトに伴い国内では競合メーカー数社が撤退し、同社が事業を引き取ったケースもある。国内唯一の専業メーカーとして社員の半数以上が技術者という強みを生かし、「研究開発投資を一層進め、ワニスの可能性を広げたい」と力を込める。

●長寿の秘訣

「100年企業を目指し、新技術・製品の開発に力を入れる」と荒川社長。ワニスは40年前に開発した技術が今も大量に出荷されている息の長い商品であり、いま開発した技術・製品が30年後の100周年を迎える礎になると考えているからだ。「苦しいけれどやめないこと」が長寿の秘訣と語る。池田会長も「銅線に薄膜を塗るように、細く長く事業を継続していく」と話す。

本庄工場事務所棟

●会社概要

設　立：1950（昭和25）年3月
所在地：東京都墨田区亀沢4-5-6
事業内容：電気絶縁塗料の開発・製造・販売
売上高：単体30億円（2019年2月期）
社員数：単体64名（2019年4月1日現在）

URL：http://www.totoku-toryo.co.jp/

創業87年の伝統あるベンチャー企業

株式会社トプコン

会社は生き物という。さまざまな苦難を乗り越え成長し、姿かたちや内面までも変えていく。これを実演してしまったような企業がトプコンだ。創業は1932（昭和7）年。測量機などの光学機器の国産化を求める帝国陸軍省の要請を受け、服部時計店精工舎の測量機器部門を分社独立させたのが東京光学機械（現トプコン）である。創業の地、板橋で、双眼鏡や光学照準器などの軍需に対応、戦後はカメラ、顕微鏡、測量機器などで民需転換を果たしつつ、50年代にはカメラが売上の8割を超えるまでに成長するも、競争激化で80年にはカメラ事業からの撤退を余儀な

●社是・理念

【経営理念】
トプコンは「医・食・住」に関する社会的課題を解決し、豊かな社会づくりに貢献します。

【経営方針】
- トプコンは先端技術にこだわり、モノづくりを通じ、新たな価値を提供し続けます。
- トプコンは多様性を尊重し、グローバルカンパニーとして行動します。
- トプコンはコンプライアンスを最優先し、全てのステークホルダーから信頼される存在であり続けます。

代表取締役社長
平野　聡 氏

くされている。トプコンが当時群雄割拠した単なるカメラメーカーの1社なら、同社の歴史はここで閉ざされたかもしれない。

◉「医・食・住」の課題解決ビジネスへ

だが、ここからトプコンの新たな挑戦が始まる。創業時から手掛けてきた測量機、その後参入した眼科医用機器を中心に独創的な製品を多数創出する一方、70年には欧米に現地法人を設立し、世界各地に生産・開発・販売拠点を持つ現在のグローバル化に繋がる第一歩を踏み出した。なかでも65年に開発した眼底カメラは現在の主力事業の1つであるアイケアビジネスの基盤となり、更に今では眼科必須の診断機器となった3次元眼底像撮影装置（3DOCT）で世界をリード、市場シェアは3割におよぶ。また90年代から始まった海外を中心としたM&A。94年建機の制御技術、2000年の精密GNSS受信機、06年の精密農業技術など、相次ぐM&Aで高度先進技術を吸収し、現在の中核事業であるポジショニングビジネスを開花させた。

同社の原点となった測量機（トランシット）

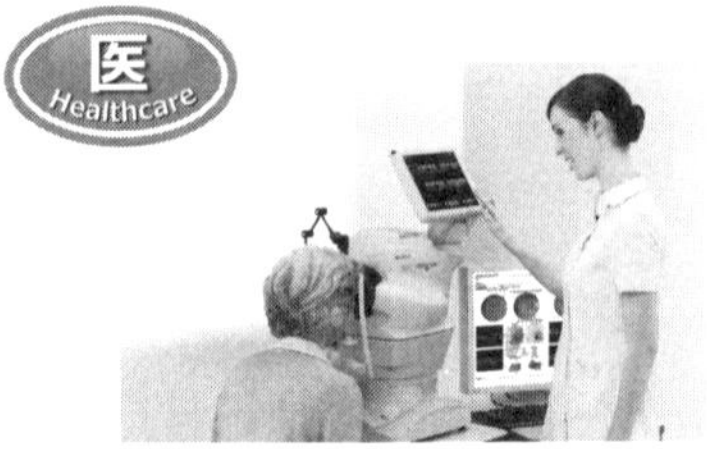

眼科用の診断機器

農機の自動操舵システム

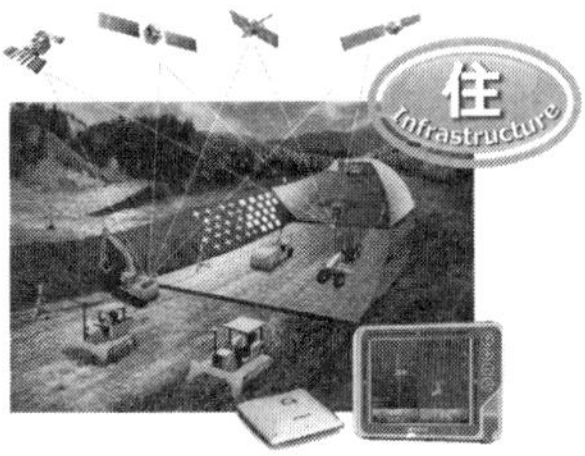

建機の自動制御システム

代表的なソリューション

いま同社の目指す方向は明確だ。「医・食・住に関する社会的課題を解決する」こと。医は世界的な高齢化による眼疾患の増加、農は世界的な人口増加による食糧不足、住は世界的なインフラ需要とそれに対応する技術者不足。平山貴昭執行役員広報・ＩＲ室長は「これら医・食・住の産業分野は他の産業に比べ非常に大きいにも関わらず、ＩＴ化、自動化が遅れている。そこに当社がフォーカスし解決策を導く意味がある」と説明する。すでに自社の精密測量技術と買収した油圧制御技術、ＧＮＳＳ技術を組み合わせ、ミリ単位の制御を可能とした土木施工の自動化や、農機の自動運転などの取り組みが、国内外で始まっている。生き物には寿命がある。しかし挑戦と変革を惜しまないトプコンは、令和の時代も駆け抜けるだろう。

●長寿の秘訣

戦前生まれの国策会社の変貌は、ストーリー性に満ちている。最大のターニングポイントは、現在のデジタルビジネスの基盤を築いた複数のM&A。市場狙いの資本戦略と異なり、将来を予見したベンチャー技術の獲得が中心だ。時代の変化を読み取り、数々の新技術を自社の事業ベクトルに取り込んだ大胆な決断と目利きが特筆される。M&Aで成長を導いた平野聡社長に次ぐ眼力の持ち主が期待される。

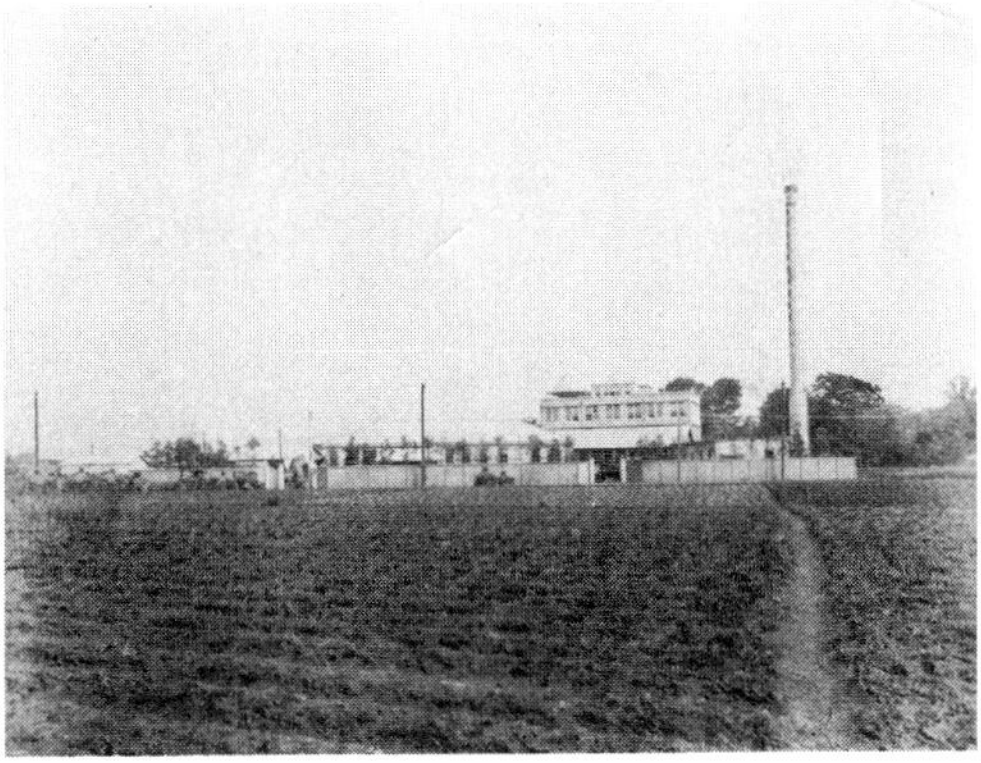

創業当初の社屋

●会社概要

創　　業：1932（昭和7）年9月
所 在 地：東京都板橋区蓮沼町75-1
事業内容：ポジショニング（GNSS、マシンコントロールシステム、精密農業）、スマートインフラ（測量機器、3次元計測）、アイケア（眼科用検査・診断・治療機器、眼科用ネットワークシステム、眼鏡店向け機器）等の製造・販売
売 上 高：1,486億8,800万円（2019年3月期）
資 本 金：166億8,000万円（2019年3月期）
社 員 数：連結4,932名（2019年3月末現在）

URL：https://www.topcon.co.jp/

新しい領域にチャレンジ、インフラを支え続けるソリューションイノベーター

トーヨーカネツ株式会社

トーヨーカネツは原油貯蔵タンクや液化天然ガス（LNG）貯蔵タンクをはじめとする機械・プラント事業、空港や配送センターの搬送システムを構築する物流ソリューション事業などを手がける老舗企業だ。

◎戦後復興を予見して新規事業に乗り出す

同社の歴史は、重要な軍需物資だった鉄の需要増に応えるべく、「東洋火熱工業」として工業窯炉の製造に乗り出した1941（昭和16）年に遡る。終戦を迎えると直ちに民需へ転換し、工業窯炉で培った溶接技術を生かしたタン

●社是・理念

社是である「わが社は　常にすすんで　よりよきものを造り　社会のために奉仕する」を経営理念とし、「物流・エネルギー分野のソリューションイノベーター」となることを経営ビジョンに掲げ、社会が直面する課題を革新的・先駆的な技術をもって解決することに果敢に取り組みグループの持続的企業価値向上と社会の発展に貢献することを目指す。

代表取締役社長
柳川　徹 氏

ク建設事業に参入する。戦後復興に伴う石油需要の急増もあり、急成長を遂げた。その後はクリーンエネルギーであるＬＮＧタンクを開発し、現在までに国内外で１００基、他のタンクと合わせて約５７００基（２０１７年度）とトップクラスの実績を誇る。

タンクを主力とする機械・プラント事業は時代の要請に応えた進化を続けている。ＬＮＧ貯蔵タンクは大型化だけでなく、離島での発電燃料や船舶燃料供給のための中小輸入基地に最適な小型タンクの標準設計とモジュール化を進めている。今後は環境負荷の低減に大きな役割を担う水素エネルギーの貯蔵に向けて、大型液体水素タンクの開発を急ぐ。

地上式国内最大23万キロリットルのLNGタンク（2015年竣工）

同社はタンク事業が順調に成長していた１９５５年に意外な新製品を世に送り出した。土木建設業向けの可搬式コンベヤ「トーヨーコンベヤ」である。戦後復興が進み、住宅などの建設需要が加速すると予想し、土砂運搬の省力化や効率化を実現するコンベヤを開発したのだ。

トーヨーコンベヤは様々な現場に対応し、その場で組み立てて作業できるのが魅力となり、

GTP（Goods To Person）：歩行レスピッキングを実現するマルチシャトル

多くの建設会社に採用された。このコンベヤが物流ソリューション事業の礎となり、やがて機械・プラント事業と並ぶ中核事業へ成長する。

現在、同社が力を入れているのは、人手と手間がかかるピッキング作業の自動化だ。作業者が倉庫内を歩き回りながら商品を探す従来型の方式から、商品が自動的に作業者の手元に届くＧＴＰ（Goods To Person）方式を開発。生産性は従来の５倍となり、物流センターの生産性向上に寄与している。

物流センターの安定稼働を実現するためにＡＩ（人工知能）・ＩｏＴ（モノのインターネット）技術を活用し、故障する前に振動センサーや温度センサーなどで異常を検知して予防保全を可能した「止めない物流」を目指している。

今後もハイレベルな顧客ニーズに応える製品やサービスを提供し、「物流の完全自動化・無人化」を実現する次世代物流システムの構築を続けていく。併せて海外での展開も加速する。トーヨーカネツの挑戦は止まらない。

●長寿の秘訣

創業から79年、時代の変化に対応し成長を持続してきた。常に顧客ニーズを捉え社会に貢献したいという創業者の想いは今も受け継がれて事業の礎となっている。同社の提供する高い技術力と革新的なソリューションは、社会インフラを支え続けて顧客からの確かな信頼と高い支持を受けている。現状に満足せず100周年に向けて進化を続けていく。

当社への親しみやすさをアピールするために誕生したキャラクター
(左) 球形タンクをモチーフにした「タンくん」
(右) コンベヤをモチーフにした「ブツリュー」

●会社概要

設　立：1941（昭和16）年5月
所 在 地：東京都江東区南砂2-11-1
事業内容：物流ソリューション事業、機械・プラント事業など
売 上 高：連結451億円（2019年3月期）
社 員 数：連結996名（2020年1月現在）

URL：https://www.toyokanetsu.co.jp/

スーパー・コンビニとともに食の安全・安心を推進

中野冷機株式会社

スーパーマーケットやコンビニエンスストアなどに欠かせない冷凍・冷蔵ショーケース。食品や飲料を効果的に陳列・保存し、消費者に安全・安心と買い物の楽しさを提供する。中野冷機はこの分野の専門メーカーとして、1954（昭和29）年に日本初の溶接構造ステンレス製ショーケースを開発し、56年には第1次南極観測隊向けに冷凍食品貯蔵用機器を製造・納入した実績を持つ。

◉顧客に鍛えられ事業を拡大

創業は1917（大正6）年。102年の歴史で転機となったのはスーパーの誕生だ。60年代から全国各地で開店

●社是・理念

【社是】
感謝　実意　努力

【経営理念】
進取の気概と闊達な精神で明るい社風と世界に伸びる製品をつくり社会に貢献する

代表取締役社長
森田　英治 氏

ラッシュが続き、それに伴い中野冷機も業容を拡大。74年にはセブン‐イレブンの第1号店となる東京・豊洲店を施工した。

「顧客の悩み・要望に応え、信頼を獲得してきたことが成長の要因だ」。森田英治社長はこう振り返る。商品の見やすさ、取りやすさに徹底的にこだわるイトーヨーカ堂をはじめ、顧客からの要望を大切にして、試行錯誤を繰り返してショーケースを開発した。評判を聞きつけた他スーパーからの引き合いも増えたという。

また、冷凍・冷蔵設備が故障した際、迅速に対応できるメンテナンス体制の強化に力を入れる。商品損害や顧客の商機ロスを少しでも防ぐため、専門部署と全国各地の委託会社を含めて24時間365日のメンテナンス体制を敷く。

このほか自前の設計・施工部署や工場を持ち、設備の提案から設計、製造、施工、メンテナンスまで一貫して提供する点が最大の強みだ。「顧客の要望に迅速に対応できる

野菜をみずみずしく見せる冷蔵ショーケース

東京・芝浦の本社屋

のに加え、施工・保守しやすい設計・製造方法を社内でフィードバックできる」と森田社長は解説する。

人手不足やネット販売の拡大に伴い、24時間営業の見直しや実店舗の減少が進む流通業界。事業環境の激変を受け、２０１９年度から23年度までの中長期経営計画を策定。23年度に連結売上高３５０億円（18年度実績２８３億円）、営業利益32億円（同22億円）の目標を掲げ、３つの事業に取り組む。

その１つが、省力化製品の強化だ。例えばスライド棚。スーパーの日配コーナーに試験導入したところ、品出し・日付管理・発注・棚卸しなどの作業時間が大幅に短縮したという。また冷凍機内蔵ショーケースのフィルターを簡易清掃する機能を開発し、省力化を実現。このほか他社製品を含めたメンテナンス範囲の拡大や東南アジア市場への進出を柱として掲げる。長寿企業の新たな挑戦はまだ続きそうだ。

●長寿の秘訣

2017年に創業100周年を迎え、18年度を「第二の創業」元年と位置づけ、中長期経営計画の策定やCSR報告書の作成、働き方改革プロジェクトなどに取り組む。中国合弁会社と東南アジア市場への進出を検討するほか、食品衛生管理の国際基準であるHACCPの義務化を見据え、クラウドで定期的に温度管理を記録するシステムを開発中。新たな市場開拓と技術開発が生き残りの鍵だ。

メードインジャパンの製品を生み出す結城工場（茨城県）

●会社概要

創　業：1917（大正6）年4月
設　立：1946（昭和21）年2月
所 在 地：東京都港区芝浦2-15-4
事業内容：冷凍・冷蔵ショーケース、冷凍機などの設計・製造・販売・据付工事・保守
売 上 高：252億5,000万円（2018年度）
社 員 数：516名（2018年12月現在）

URL：https://nakano-reiki.com/

ガラスと鏡にこだわる技術者集団

株式会社西尾硝子鏡工業所

百貨店や駅ビルなどの商業施設で商品を美しく魅せるショーケースやショーウインドー。西尾硝子鏡工業所はこうしたガラス加工をオーダーメードで手がける。大手百貨店や高級ブランドショップに納入するほか、近年はホテルやタワーマンションの内装工事も引き合いが強い。45度に切断したガラス同士を気泡を入れずに接着する高度な技術と、商業集積地である銀座や新宿、横浜などへ1時間以内で移動できる地の利が強みだ。

●社是・理念

【企業理念】
お客様にとっての問題を解決でき、喜びと満足を提供し、「共有」できる、生きた技術集団になろう

代表取締役
西尾　智之 氏

◉技能伝承へ産業観光や人材育成に力

西尾智之社長の祖父・五一朗氏が鏡の製造を目的に創業したのは1932（昭和7）年。戦争を挟んで事業を中断したが、再開後は業容を拡大した。しかし50年代に入り、大手ガラスメーカーが鏡の生産に進出、シェアを拡大すると、苦境に立たされた。

結局、2代目社長の父・忠昭氏は大手の代理店として生き残る道を選択した。「代理店にならなかった都内の鏡屋さんは約10年後、ほぼ例外なく消滅した」と西尾社長。一方で同社は二次加工業に活路を見出し、顧客ニーズに対応した加工・接着技術を磨いた。

技術力を高めるための工夫の1つが「1技術3人体制」と呼ぶ技能伝承制度だ。必要な技能・技術を約130項目に細分化し、項目ごとにベテラン、中堅、若手の社員を振り分ける。ベテランが若手や中堅に技術・ノウハウを伝授

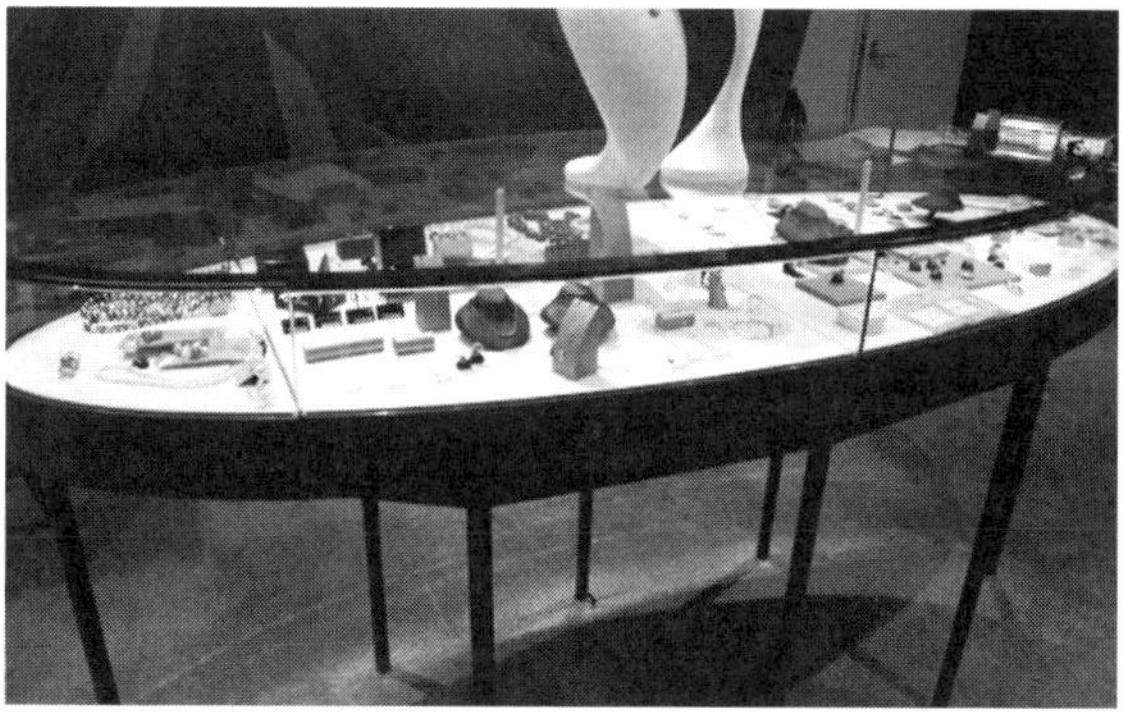

ガラスケース

し、多能工化を目指す試みである。

　半年ごとに反省点や今後の課題などを意見交換する勉強会もその1つ。7月の事業発展計画発表会では、５年後に社員数29名、生産性で2倍という目標を全社員で共有した。

　西尾社長は創業１００周年を迎える２０３２年に向けて、主力事業である加工、内装工事に加え、新たに完成品、産業観光、専門人材育成の3事業を掲げる。このうち完成品事業は、照明点灯時はガラスのように内部が見え、消灯時は鏡のように中が見えなくなるハーフミラーショーケース「ＤＵＡＬ」を17年に開発した。初の自社ブランド商品で「創業時のようなメーカーになるための第1弾製品」と位置づける。

　一般の人にガラスや鏡の加工を体験させる産業観光事業は、有料にもかかわらず好評だ。モノづくりに興味を持ってもらうことが狙いで、本業の閑散期である5〜7月が逆に忙しくなるという。さらに若い職人を育てる学校を運営する事業も見据える。「モノづくりをしたいと考える若者は意外に多い。業界全体として取り組めないか」と模索している。

加工現場

●長寿の秘訣

2000年の就任から7年間は右肩上がりで成長し「会社を大きくしたいとばかり考えていた」と西尾社長。だがリーマン・ショックで売り上げが半減し、09年から3年連続で赤字に転落。前社長の母と工場長の叔父に勇退してもらい、残った社員ととことん話し合った。「それにより家業から企業に生まれ変われた。長く続ける大切さに改めて気付かされた」と語る。

展示

●会社概要

設　立：1932（昭和7）年
所 在 地：東京都大田区大森北 5-9-12
事業内容：一般板ガラス・鏡の加工卸、内装工事
売 上 高：3億7,000万円（2019年5月期）
社 員 数：23名（2019年12月1日現在）

URL：http://www.nishio-m.co.jp/

独創性あふれるホワイトボードで教育現場や職場のコミュニケーションを創造

日学株式会社

黒板、ホワイトボード、掲示板など学校やオフィス、またその壁面をアレンジする商品群を開発から販売・施工まで手がける。

スマートフォンなどインターネット上でのコミュニケーションが活発な今、「アナログのコミュニケーションツールであるホワイトボードなどのニーズはなくならない。むしろ価値あるコミュニケーションツールになる」との信念の下、全国の営業網を通じて、教育現場や職場を支えている。

代表取締役社長
吉田　朋弘 氏

●社是・理念

【創業者訓】
敬天愛人

【経営理念】
当社は、社員の幸福を追求し社会にとって価値ある製品とサービスを開発・提供することにより世界の平和と進歩発展に貢献します

◉不燃認定や「黒板アート甲子園」でブランド価値を向上

東京・麻布十番で「吉田商店」として1950（昭和25）年に創業してから70年の歴史を持つ。2010年に3代目社長に就任した吉田朋弘氏は「永続するにはまったく同じ商品を扱っているだけではだめ。新商品・新しい価値の提供が必要」と強調する。情報通信技術（ICT）が進むと、一堂に集まってのコミュニケーションが減るのではないかとの危機感をバネに、商品開発、営業展開、社会貢献（CSR）活動に一段と力を注ぐ。

例えば、室内の壁全面をホワイトボードにしてしまう超薄型壁面ホワイトボード「SMW」。SMWは不燃認定も取得しており、高層建築物への設置にも適している。また、スタンド型ホワイトボードに貼り付けたポスターや付箋ごとスキャナーで読み取ってしまうアイデアスキャナー「美撮る（ビートル）」は、LANやUSBメモ

アイデアスキャナー「美撮る（ビートル）」。ポスターや図面、付箋をホワイトボードに貼ったまま一度にスキャンできる

黒板アート甲子園2019 最優秀賞受賞校 福島県立会津学鳳高校の表彰時の記念撮影（2019年6月4日）。当日報道各社も集まった

リーを介しての素早い情報共有もでき、ＩＣＴ時代に合わせたユニークな存在。

２０１９年５月には、東京・大井町の本社、大阪支店、仙台支店の一角にこれらの主力商品を展示するショールームをオープンさせた。エンドユーザー、設計事務所、販売会社といった顧客に製品を体験してもらい、「日学の商品が欲しい」という声を全国的に増やそうとの狙いが込められている。一方で、ＳＭＷなどの販売は、現場での設置・施工も重要。いかに表面を平坦に仕上げ、ストレスなく使ってもらうための、きめ細かな施工が顧客の信頼獲得に欠かせない。

同社は15年春に中・高生に応募してもらう「日学・黒板アート甲子園®」を創設。その名の通り生徒たちが教室の黒板をキャンバスにしてチョークで描くアートの競演だ。19年大会は参加１０９校、応募作品総数１８８点と拡大中。「教育は国の根幹を支える重要なもの。若者たちの活躍の場の拡大、教育・文化の発展に貢献したい」との思いを胸に、社会に価値を提供し続ける。

●長寿の秘訣

SMWの不燃認定は2年がかりで取り組んだというように、絶えず新しい価値を追求している。オフィス向け製品はOEMが約半分を占めるが、現在、自社ブランド展開の拡大・強化に取り組む。強みとするのは業界随一の充実した開発陣。ブランドメーカー、卸問屋、販売店、学校・教育委員会、設計事務所、ゼネコン、エンドユーザーと、提案先は多く、「日学」ブランド浸透なくして価値向上はないだろう。教育の一端に関わっているという誇りが同社の強みにもつながっている。

2020年1月に発売した超薄型壁面ホワイトボード「不燃SMW」。
2019年10月に国土交通大臣から不燃認定を受けている

●会社概要

設　立：1957（昭和32）年9月12日
所 在 地：東京都品川区大井1-49-15　YK-17ビル
事業内容：ホワイトボード、黒板、電子黒板、掲示板など、学校・公共施設・オフィス向け関連用品の販売施工、ボード設備の製造販売
売 上 高：20億8,000万円（2019年12月期）
社 員 数：120名（役員・パート含む、2019年12月末時点）

URL：https://www.nichigaku.co.jp/

品質と新技術で、「貼る」便利さを世界へ浸透目指す

ニチバン株式会社

「セロテープ」といえば粘着テープの代名詞。だが、これはニチバンの登録商標である。それだけではない。絆創膏や医療用サージカルテープ、産業用テープなど、工業用、文房具、ヘルスケア、医療材料向けに「貼る」「粘着」の技術を軸に、進化を続ける。

◉「ロイヒつぼ膏」てこ入れと、次の100年への基盤固め

同社の始まりは絆創膏であり、今でもメディカル部門はテープ部門とともに経営の両輪。2018年に創業100年を迎えたのを機に、30年までの中長期の経営ビジョンを

●社是・理念

【基本理念】

私たちは絆を大切に
ニチバングループにかかわる
全ての人々の幸せを実現します

【企業姿勢】

粘着の分野を原点として
新たな価値を創造する技術で
快適な生活に貢献し続けます

代表取締役社長
高津　敏明 氏

策定。さらに23年までの中期経営計画【ＩＳＨＩＺＵＥ ２０２３～ＳＨＩＮＫＡ・変革～】も定めて、「進化・深化」と「変革」に取り組む。19年6月に社長に就任した高津敏明氏はこの計画策定プロジェクトのリーダーでもあっただけに、30年度には新製品比率30%、海外比率30%という目標に向かって、「つくりあげた価値と製品を世界に伝えたい。まずは基礎固めの5年に力を注ぐ」とし、開発品の投入、人財育成の重要性を強調する。

足元では、89年発売の肩凝り・腰痛に効く貼り薬「ロイヒつぼ膏」が、韓国人観光客をはじめとするインバウンドの土産需要で急激に売れ行きを伸ばしたが、現在はその反動を受けている。あらためて中国人観光客の取り込みと国内需要の掘り起こしを視野にＳＮＳ、ＴＶＣＭなどを駆使した販売促進策と塗るタイプの投入で活路を拓いている。

一方で、世界的に脱プラスチックの動きが盛り上がっていることをとらえ、セロハンがパルプ由来のセルロースであることを前面に打ち出した販売戦略に力を注ぐ。セロテープの粘着剤も天然ゴムなどを使っており、焼却時における有害ガスの発生が非常に少ないことは、プラスチックテープなどと決定的な差。今後も基材メーカーと協力し、

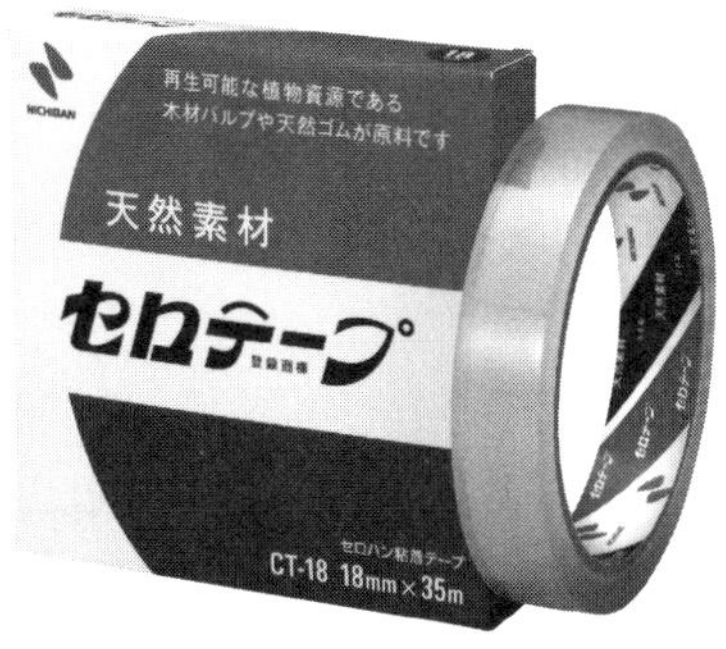

脱プラを訴求する看板商品の
セロハン製粘着テープ「セロテープ」

インバウンド需要と内需を狙う
ヒット商品の「ロイヒつぼ膏」

貼り心地に重点を置いた
救急絆創膏「ケアリーヴ」

SDGs（持続可能な開発目標）への取組みの重要テーマとして位置づけていく予定。併せて静電気が発生しないといった特徴も産業界に訴求し、需要を掘り起こしていく構えだ。

ヘルスケア・メディカルの分野では、救急絆創膏「ケアリーヴ」が好調。同商品発売前は価格競争に挑んで苦しい時期もあった救急絆創膏だが、高密度ウレタン不織布を使ったことで貼り心地や貼り跡が白くふやけにくいなど品質第一を貫き、塩化ビニル製のものより高価格ではあるものの、消費者のニーズをつかむことに成功した。

開発では愛知県安城市にある先端応用研究所を中心に、粘着技術をコアに深掘りし、オープンイノベーション活動により外部のアイデアも取り入れて新規事業の創出とともに、自社が気付いていない用途開発に挑む考え。技術メンバーは約60人。今後も技術スタッフを増やし、メーカーらしく新製品開発で勝負する。

●長寿の秘訣

100年の歴史の中で、人にやさしいテープを作り続けてきたことが強み。高津社長は「メディカルも工業用もどっちも大事。とにかくユーザーニーズをとらえた製品開発が重要になる」と指摘する。同社では営業担当者が工場に出向き、最前線のユーザーの声を伝えているという。工場の人たちもユーザーが喜んでいる状況を耳にし、士気が上がっているという。会社の内外ともに人重視の姿勢が「進化・深化」と「変革」という歯車を回している。

研究所とメディカル製品工場の複合施設（安城市）

●会社概要

創　　業：1918（大正7）年1月
所 在 地：東京都文京区関口2-3-3
事業内容：医薬品、医薬部外品、化粧品、医療機器及び試薬、接着テープ、接着シート、接着剤その他接着製品及びその機械器具などの製造販売
売 上 高：連結474億1,700万円
社 員 数：グループ1,258名

URL：https://www.nichiban.co.jp/

事業の創造で、激変する漁業・水産業界を生き抜く専門商社

ニチモウ株式会社

ニチモウは「浜から食卓まで」を網羅し繋ぐ水産専門商社として、2019年に創立100周年を迎えた長寿企業だ。同社の活動領域は幅広い。社名の由来となった漁業・養殖業資材全般を取り扱う海洋事業をはじめ、水産物の輸入と水産加工品を販売する食品事業、食品加工の製造工程をトータルにサポートする機械事業、建装材フィルムや包装資材および農業資材を販売する資材事業、健康食品を提供するバイオティックス事業、食品倉庫の管理および配送業務を行う物流事業など、海から陸への展開は、ニチモウが1世紀以上にわたって生き抜いてきた証なのだ。

●社是・理念

【企業理念】

会社は社会の公器であるとの精神に立ち、業界をリードする技術とサービスをもって広く社会の発展に貢献するという理念のもと、社風である「粘り強く、やり抜く意志と実行力」を発揮し、「お客さまから必要とされる会社であり続けるために、顧客満足を第一主義として、工夫・改善し続ける熱き企業」を目指すことが、当社の永遠の繁栄と従業員の幸福のためであると確信している。

代表取締役社長

松本　和明 氏

◉業界の「進化」に合わせて事業を展開

ニチモウの前身となる「高津商店漁業部」は1910（明治43）年に山口県下関市で誕生し、4隻の持ち船に使用する網の仕立工場を開設する。1914（大正3）年「高津商店漁業部」を解散し「高津商店製網部」となり、1919（大正8）年に「高津商会」へ改組、翌年日本漁網船具へ改称し、日本一の漁網メーカーを目指してスタートを切った。72年には石油部（現・キグナス石油）を分離し、現在のニチモウへ社名変更している。

50年代後半から漁業規制の影響などで大手水産各社が総合食品会社への転換を目指した。こうした動きを受けて、同社は食品包装資材や食品加工機械へと事業を拡大する。

65年に船内で使用する金属パン（冷凍用元箱）に代わる耐水ダンボールの開発に成功。水産以外では、建材需要の増大を背景に塩ビフィルムの販売へ乗り出し、木目柄を印刷し、合板などに貼り合わせた製品により、建材からテレビのキャビネット用まで供給範囲を拡げていった。

食品事業は67年にスケソウダラの冷凍すり身の取り扱いを開始したこ

とに始まり、その後扱う魚種が増えていった。その一例では、国内での流通が少なかったロシア産タラバガニに着目し、92年大手量販店への販売を機に、他社からの引き合いも加わり取引が急速に拡大した。現在では食品事業が同社売上高の6割超を占める。

99年に養殖餌料用の大豆がもつ有効成分イソフラボンによる健康食品を開発しバイオティックス事業を立ち上げた。2010年には西日本キャリテック（現・ニチモウロジスティクス）を子会社化し物流事業に参入するなど、次々と挑戦を続けてきた。

「浜から食卓まで」を象徴するものとして三陸養殖銀鮭事業に取り組み、海洋・資材事業の資材供給と、食品事業のビジネスを組み合わせ、水揚げから買付、加工、流通までをカバーできるのが強みだ。

今後は15年に国連総会で採択されたSDGs（持続可能な開発目標）にも対応していく。海洋プラスチック問題対策として生分解性プラスチック製漁業資材の研究開発や、食品ロスの削減、トレーサビリティー（追跡可能性）などに取り組む。「獲る」そして「つくり育てる」漁業と向き合い、食卓に安心安全な商品を安定して届けることがニチモウの「使命」なのだ。

●長寿の秘訣

ずばり「社員力」だ。専門商社として幅広い顧客ニーズに対応するため、仕入から販売まで1人の社員が担当する少数精鋭の組織となっている。当然、高いスキルを要求される社員教育も充実。入社時からその後のフォローアップ研修に加え、資格ごとに各種マネジメント研修も実施している。ワーク・ライフ・バランスを推進し、ストレスチェックを含めた健康管理も徹底。「社員が心身の健康を維持しながら活躍できる環境を大切にする」経営に取り組んでいる。

●会社概要

創　業：1910（明治43）年
設　立：1919（大正8）年8月
所在地：東京都品川区東品川2-2-20　天王洲オーシャンスクエア
事業内容：水産物の輸入、水産加工品の製造と販売、漁業資材、食品加工機械、建装材、包装資材、農業資材、健康食品などの販売および物流業務
売上高：連結1,287億7,800万円（2019年3月31日現在）
社員数：連結933名（2019年3月31日現在）

URL：https://www.nichimo.co.jp/

フォークリフトの「タイムレンタル」で注目される老舗販社

日輸工業株式会社

日輸工業は「ニチユ」ブランドで知られるフォークリフト大手・日本輸送機の販売代理店として1954（昭和29）年に誕生した。58年に日本初のリーチ式バッテリーフォークリフトが大ヒットし、売上高が伸びる。順風満帆に成長した同社をバブル崩壊が襲った。長らく「フォークリフトが売れない時代」が続く。

業界再編も進んだ。2013（平成25）年に日本輸送機と三菱重工がフォークリフト事業を統合して「ニチユ三菱フォークリフト」を設立した。17年には同社が傘下に収めていたTCM（東洋運搬機製造）が源流のユニキャリアを

●社是・理念

人こそ、財産

取締役社長

宮部　一弘 氏

吸収して「三菱ロジスネクスト」に社名変更している。現在は同社とトヨタL&F（豊田自動織機）の2強体制だ。

◎長期不況が生み出した「タイムレンタル」

価格破壊は今も止まらず、フォークリフト販売だけで利益を出すのは難しい。そこで日輪工業が編み出したのが業界唯一の「タイムレンタル」だった。従来のフォークリフトのレンタルは1日単位や1カ月単位といった「貸出期間」に対する課金だった。「タイムレンタル」は基本料金と、フォークリフトに取り付けたタイマーで計測した従量料金を支払う。

タイマーはマストが上昇して荷役動作をした時か、走行動作をした時にのみ作動する。つまりマストが下がる時はタイマーが作動せず、物を運搬した時間分しか料金がかからない。フォークリフトは1日のうち荷物の搬入・搬出が集中する数時間しか稼働しないケースがほとんど。その時間だ

埼玉支店

けの課金であれば、顧客はコストダウンできるという発想だ。

コスト競争が厳しい中小企業の利用を想定したサービスだったが、大手企業からの引き合いも多い。狙いはタイマーによる稼働状況の把握。どのような日のどのような時間帯が荷捌きで忙しいのか、社内物流の効率化を検討する上で貴重なデータになるからだ。サービスの先見性が認められ、2002年には

神奈川支店

「タイムレンタル」が中小企業経営革新支援法による承認を得る。

「顧客のニーズはどこにあるかを常に考えている」という宮部一弘社長。顧客ニーズに対応するためには、社員のレベルアップも欠かせない。日輪工業では42種類の資格取得の費用を全額支給している。この取りくみは能力向上だけが目的ではない。「働くことは人生の大きな時間を占める。仕事を通じて生きがいを感じられる、満足が得られる職場にしなくてはいけない。そうした職場であれば、地道に少しずつだが確実に変化して生き残れる」と、宮部社長は自信をみせる。

●長寿の秘訣

新たな付加価値を顧客へ提案することで市場が冷え込んでいるにもかかわらず成長が続く。フォークリフト販売だけでなく、路面清掃車用カートリッジフィルタの実用新案を2013年に取得、新しいチャレンジも始まっている。17年に自動運転フォークリフトの販売を始めた。原子力発電所や半導体・医薬品製造のクリーンルーム向けの引き合いがあるという。知恵を絞り、大きな投資なしに新たなチャレンジをすることで、リスクも回避している。考える力と創意工夫が最大の強みだ。

社員旅行で出雲大社へ

●会社概要

設　立：1954（昭和 29）年 10 月
所在地：東京都豊島区駒込 2-3-1
事業内容：フォークリフト、無人搬送システムなどの搬送機器とラック・移動棚・立体自動倉庫などの保管機器販売やレンタル、メンテナンス
売上高：20 億 1,700 万円（2018 年度）
社員数：66 名（2019 年 11 月現在、役員・パート従業員除く）

URL：http://nichiyukougyou.co.jp/

ＡＬＣや押出成形板の取付金物の品揃えと、スピーディーな配送で全国の現場を支え続ける

株式会社日東

ＡＬＣ建材は耐火性・免震性に優れた特性をもち、六本木ヒルズなどの大規模高層建物・大型商業施設をはじめ、大型物流倉庫・病院・ホテルなどの外壁・間仕切壁に使用される、鉄骨建築には欠かせない外装材である。

その工事業者に取付金物や下地鋼材（アングル）などの副資材販売を生業とする「ＡＬＣ金物店」が全国各地に存在する。

その中でも圧倒的なシェアを誇るのが日東だ。

●社是・理念

【企業理念】

私たちは日本全国を縦横無尽に繋ぐネットワークで配送し、付加価値の高いサービスを提供することで、現代建築の一端を担い、豊かな社会の発展に貢献します。

代表取締役社長
中尾　尚起 氏

◉全国での迅速な供給網を確立

日東はALCや同類の建材である押出成形セメント板（ECP）に直接関わる副資材の他、現場の工事業者が必要とする専用工具・作業服・作業靴など大小2500種類の商品群を取扱い、さらには施工機材レンタルなども手掛けており、それらをジャスト・イン・タイムで届ける。まさに現場のかゆいところに手が届くサービスで存在感を発揮する。

2019年4月に、名古屋に営業所を新設し、全国での迅速な供給体制を確立。札幌から福岡まで全17拠点を繋いだ全国ネットワークを持つのはALC周辺金物業界では同社だけである。16年5月に社長に就任した中尾尚起氏は「地方の建築現場までしっかりフォローできる体制を持つ同業者はいない」と強調し、若手社員に「建築物を通じて未来の街づくりに携わるという誇りを共有したい」と訴え

ALCパネルを建物の躯体と接合するための建築金物「イナズマプレートR」

営業所からはさまざまな種類の部材が現場に運ばれる（前橋営業所の倉庫）

る。金物プラスアルファという付加価値をデリバリーする力こそが同社の仕事であり、強みと言えよう。

社員約120名のうち、30名以上が女性で、女性の営業所長も活躍中だ。

先代からの誠実かつ堅実な運営方針を貫き、連続無借金経営（約10年）と高い自己資本比率（50％超え）を現在でも維持しており、強固な財務体質を築いている。

東京五輪・パラリンピックが開催される20年以降も首都圏や九州の事業環境は良好とみており、25年の大阪万博開催に伴う建設ブームにも期待する。

当面は売上高100億円達成に向けて、業務改革とその効果による社員の待遇改善に取り組む。それが、社員一枚岩の体制を一層強固にし、使い勝手ナンバーワンの座を揺るぎないものにしていくことだろう。

●長寿の秘訣

「いかに大きく急激に成長するか」ではなく、「いかに永く続けて豊かに成長するか」が目指す経営姿勢。社員の平均年齢は40歳5か月と業界の中では若い。それでも毎年10人程度の新規採用を通じて次代を担う人材の確保・育成に努める。先代社長から引き継ぐ形で広告業界から転身した中尾社長の発想は柔軟かつ着実。扱い品目の多さは業務の複雑さと表裏一体だが、そこを推し進めることでユーザーにとってなくてはならない会社として地道に歩を進めていく。

2019年6月7日にハイアットリージェンシー京都で
開催した65周年記念パーティーは多くの社員で盛り上がった

●会社概要

設　立：1955（昭和30）年5月
所在地：東京都墨田区菊川2-12-5
事業内容：ALC、押出成形板が使用される建築現場で必要とされる金物や施工機材などの販売
資本金：9,800万円
社員数：122名（2019年5月末現在）

URL：https://www.nt-nitto.com/

食品の香りとともに100年
食文化を牽引する開発主導のオンリーワン企業

日本フレーバー工業株式会社

日本フレーバー工業の創業は古く、1912（明治45）年、山崎喜久太氏が横浜で山崎香料店を開業したのが始まりだ。以来、今日まで100年以上に渡って、果実を原料にした香料の製造・販売を続けてきた。

香りは私たちの生活の中に無くてはならないものだが、香料のうち香水やトイレタリー商品などはフレグランス、飲料やゼリー・製菓などへ添加する食品用香料はフレーバーと区別されている。同社が製造・販売しているのは果物など自然の素材を原料にした天然のフレーバーである。

100年の歴史を誇る同社の強みは、高い技術力と商品

●社是・理念

【社是・経営理念】敬天愛人
敬天愛人をモットーとし、科学主義経営を実践し、真のフレーバーを世界に提供します

代表取締役社長
上木　邦彦 氏

開発力だ。「香りをつくるフレーバーリスト（調香師）が、徹底した品質管理のもとで最新の設備を用い、熟練した技術力で生み出すフレーバーは、そう簡単に真似することは不可能」と上木邦彦社長は自信をもっている。さらに、商品開発力と同時に、世界各地から取り寄せた原料を、同社の工場設備で蒸留・抽出加工し、独自のフレーバーに仕上げる一貫製造の技術も、同社の競争力を高めている。

◎転機となった生産拠点の見直し

今でこそフレーバー分野では国内トップメーカーとして活躍している同社だが、上木社長が就任した2000年当時は経営的にも厳しい状況だった。香港の工場での累積赤字が大きな負担となり、存続か廃止か、大きな決断を迫られていた。上木社長は前社長のグローバル路線を見直し、黒字転換が難しい、海外生産拠点の売却に踏み切った。

海外事業の見直しと同時に、国内生産拠点の見直しも行い、国内工場を新設した。その直後、大手飲料メーカーからの大口注文を受け、新設した三田工場はフル稼働とな

様々な原料を駆使して香料を創る

兵庫県三田市テクノパークにある三田工場

り、売り上げを伸ばした。「あの時、新工場がなかったら、お客様の注文に対応することができなかった」と上木社長は当時を振り返る。

大きな転機を乗り越えた今、上木社長は「会社が存続していくためには発展が不可欠であり、そのためにはお客様満足が必須である。そのお客様満足の実現のためには社員満足が必要不可欠である。この考えから、社員満足が最も大事だと考え、実施している」と話す。「人が間違える仕事はＩＴに任せ、人にしかできない仕事をする。開発主導であるためには、やはり社員一人一人の力が大切」と言う。

特に一人前の調香師となるためには、時間がかかる。育児や介護が必要な社員は時短勤務にしたり、サテライトオフィスの導入にも積極的だ。「発展なくして存続なし、そのためには社員満足が大事である」というのが、上木社長のモットーである。

●長寿の秘訣

食品や飲料の美味しさを決めるフレーバーの世界。香りをつける着香、付香だけでなく、もともとの素材の臭みを消すマスキング力もあり、奥が深い。特に日本人は自然の素材を好み、天然嗜好が強く、同社が製造する天然素材の香料は、合成香料に比べると強い競争力をもっている。長寿の秘訣はこの難しい「香り」の世界に特化して、創業以来、コツコツと蓄積してきたあらゆるノウハウの力にある。

本社オフィスのエントランス

●会社概要

創　業：1912（明治45）年10月
所在地：東京都港区高輪2-20-31
事業内容：食品香料の開発製造販売
資本金：6,000万円
社員数：48名

URL：http://www.nfk-group.co.jp/

「研究者目線」で高性能の分析機器を提供する大学発ベンチャー

日本分光株式会社

日本分光は大学や研究機関などで利用される赤外分光光度計、紫外可視近赤外分光光度計、レーザラマン分光光度計、高速液体クロマトグラフ、超臨界流体システムなど化学物質の特性をみるのに欠かせない分析機器を手がけている。

日本分光の前身は、東京教育大学（現・筑波大学）光学研究所。同研究所の歴代所長にはノーベル物理学賞を受賞した朝永振一郎博士も名を連ねており、世界でも最先端の研究に取り組んでいたことで知られる。初代所長の藤岡由夫博士が戦時中からのテーマだった赤外透過材料の研究を継続すると同時に、研究に欠かせない赤外分光光度計の試

●社是・理念

「段取・真剣・尻拭」
「和敬互助の精神」
「初心忘るべからず」

代表取締役社長
佐藤　賢治 氏

作に取り組んだ。

◉「研究者に寄り添う」カスタマイズで高評価

赤外分光光度計は化学物質の特性を調べるのに欠かせない装置だったが、当時は海外から輸入するしかなく非常に高価だった。そこで藤岡所長は、研究室での自作を選択。1957（昭和32）年に開発した「光研DS-301型」は当時の最先端だった米国製品に匹敵する性能を実現し、全国の大学や研究機関から注目される。

佐藤賢治社長は「日本分光の分析機器は大学発ベンチャーという経緯から、研究者の要望に応える小回りの効いたカスタマイズで評価していただいている。DS-301型もその発想で開発した装置と聞いている。」と話す。「研究者に寄り添う」という日本分光の強みは、創業時から備わっていたのだ。

大学発ベンチャーではあるが、営業部門も強い。営業マン向けの勉強会を開催し、自社のエンジニアや顧客である研究者たちと同レベルで話ができる技術スキルを身に着けている

DS-301型赤外分光光度計

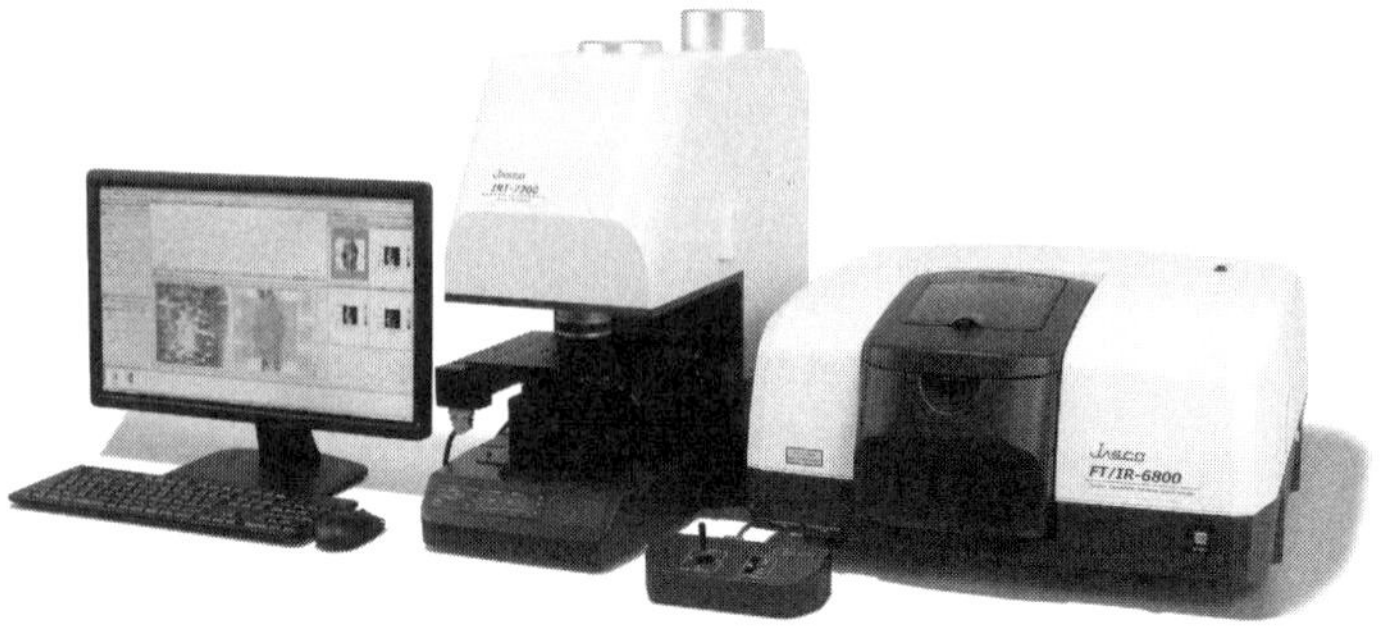

FT/IR-6800、IRT-7200顕微赤外分光システム

という。大学は今、研究費に苦労している。厳しい予算でも可能な限り要望に添うべく、社内の営業・技術・製造部門が知恵を絞って最適の製品を提供する。

JAXAの「はやぶさ」が持ち帰った試料の分析に同社の「レーザラマン分光光度計」が使用され、さらに「はやぶさ2」帰還後は「フーリエ変換赤外分光光度計」の使用が予定されており、最先端の研究に貢献している。併せて分析者の負担を軽減し、「働き方改革」につながる自動化や共通操作を実現する製品を提供している。そのため同社の顧客層はアカデミックから現場計測までと幅広い。

製造はすべて国内。かつては国内市場が主力だったが、現在は海外の売上比率が4割を占めるほどに。世界中の研究者が認める技術力があるのだ。米国、イタリア、中国に関連会社を設立し、世界へ販売網を広げている。

●長寿の秘訣

創業以来、社員教育に力を入れてきた。入社直後の工場内研修や営業研修を経て、4年の区切りで同期と一緒に今の業務の取り組みを見直す研修を受ける。どの業種でも高度な専門知識が必要なため、社員が希望する学びの機会も多く提供している。社員を仕事に関係する社外セミナー、展示会や学会に積極的に送り出しているのだ。人材育成は、科学技術の発展に不可欠な分析機器で研究者や技術者を支えている日本分光の「底力」といえるだろう。

本社

●会社概要

設　　立：1958（昭和 33）年 4 月 1 日
所 在 地：東京都八王子市石川町 2967-5
事業内容：光分析機器の開発・製造・販売、分析サービスなど
売 上 高：65 億円（2018 年度）
社 員 数：280 名（2019 年 12 月現在）

URL：https://www.jasco.co.jp/jpn/home/

金属溶解用の耐火物を作り続けて135年

日本ルツボ株式会社

古代から文明の進歩に欠かせない金属。これを溶かす際に用いられる耐火容器がルツボだ。日本ルツボは1885（明治18）年、金属のロスを少なく溶解できる「黒鉛ルツボ」の国産化を目的に創業した。以来135年にわたってルツボや耐火レンガなどの耐火物を鋳造・鉄鋼業界に供給し、自動車、建設機械、工作機械、住宅産業など日本の基幹産業を支えてきた。

◉業界初の加工法・製品を次々と生み出す

長い歴史の中で転機となったのが1970年代の石油

●社是・理念

【経営理念】
わが社は、創造性豊かな活気に満ちた役職員により、伝統を守りつつ、いかなる時代、いかなる環境にも適合する会社を、目指します。

【社是】

人に笑顔　仕事に挑戦
社員に安心　社会に貢献
顧客に満足　会社に利益

代表取締役社長
大久保　正志 氏

ショックである。当時は売り上げの大部分が鉄鋼向けだったが、製鉄各社が系列会社からの調達に切り替えたため、売り上げが激減した。そこで自動車中心の鋳造向けに舵を切り、現在は鉄鋼向けの３倍を売り上げる。耐火物市場全体の８割は今も鉄鋼向けだが、同社はアルミや銅合金など非鉄向けが得意だ。

金属溶解で培った技術を生かし、業界をリードする加工法や製品を次々と開発してきた。その１つが１９８２年に導入した大型ＣＩＰ装置を使い、ゴム型を介して水圧で成形するＣＩＰ成形法を国内で初めてルツボに取り入れたことだ。これにより従来法に比べ、より緻密で均質な組織が得られることからルツボの寿命を大幅に伸ばすことが出来た。

溶解炉から金属を受け型に流し込む「取鍋」の事前加熱にも新機軸を打ち出した。通常はバーナーで加熱するのに対し、炭化ケイ素（ＳｉＣ）ヒーターを用いた装置を提案。熱効率がバーナーの15％に対して70％と高く、大幅な省エネ・低コスト化を実現する。加熱による騒音

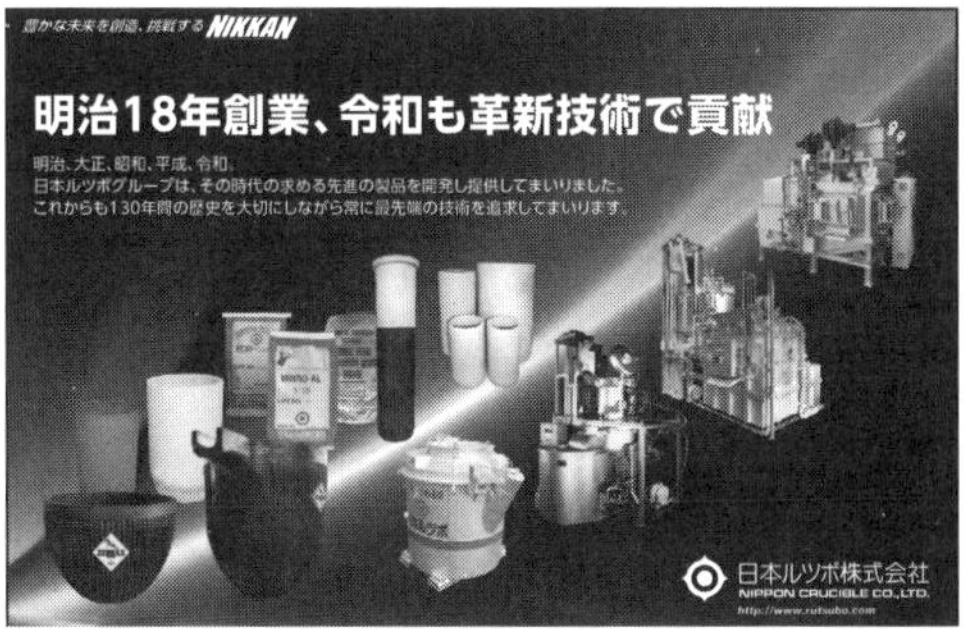

135年の歴史を尊重しつつ、常に最先端の技術を追求し続けている

平成30年12月に稼働を始めた大型CIP。大型製品の製造と成形時間の短縮を実現

やＣＯ２排出がなく、安全監視も不要になり省人化にも貢献する。

このほか、表面に溝をつけて燃費節約と溶解時間の短縮を実現したルツボや、低レベル放射性廃棄物を溶解減容し隙間なく閉じ込める世界初の原子力発電所向け特殊ルツボも製品化した。

現在の黒鉛ルツボの国内同業シェアは約38%。「代理店販売が主力の競合他社に対し、50人以上の直販営業を抱えて即座にサポートできる点が強みだ」と大久保正志社長は話す。中小型溶解炉の製造・販売も手がけ、溶解炉・焼却プラントなどのメンテナンスも行う。

海外では75年にドイツに合弁生産会社を設立したのを皮切りに、ブラジル・メキシコ・米国社に相次いで技術を供与。中国、タイの企業には出資もしており、輸出を含めた海外売上高比率は６・６％に高まった。２０１３年には豊田工場（愛知県豊田市）で2メガワットの太陽光発電事業も始めた。新分野への挑戦はまだまだ続きそうだ。

●長寿の秘訣

常にその時代その時代で必要とされる製品を供給し続けること。

22年3月期を最終年度とした中期計画を策定した。①生産性向上②新市場・新分野への取り組み強化—が柱で、例えば大阪工場（大阪府東大阪市）ではチーム全員で議論しながら無駄を抽出・改善し、1年間で生産性を20%高めた。「時代に即した製品開発や事業形態を進める原動力は人材に尽きる。社員がいきいきと働き、意欲をもってやりたいことができる会社にしたい」と大久保社長は決意する。

社員一人ひとりが夢を抱き、目標を達成していくことで、
お客様に新たな価値を提供し続けていく

●会社概要

創　　業：1885（明治 18）年 1 月
設　　立：1906（明治 39）年 12 月
所 在 地：東京都渋谷区恵比寿 1-21-3　恵比寿 NR ビル
事業内容：耐火物・中小型溶解炉の製造・販売、海外事業、不動産事業
売 上 高：連結 97 億円（2019 年 3 月期）
社 員 数：連結 229 名（2019 年 3 月 31 日現在）

URL：http://www.rutsubo.com/

人の信頼と若さに溢れる創業100年の鋳物部品メーカー

株式会社ハイキャスト

典型的な3K職場にありながら、平均年齢は30代。鋳造現場は若さ溢れる社員の活気であふれる。2016年に創業100周年を迎えたハイキャストの羽生工場（埼玉県羽生市）だ。約10年前に経営トップを継承した5代目の高橋健太郎社長は、「やはり人間関係が大事。社員には楽しく働いてほしいし、そのためには仲良しでいいじゃないか」と淡々と語る。ストレートな語り口のベースにあるのは、10年前に作られた「人を大切にする」「いい鋳物をつくる」という同社の経営理念にほかならない。

●社是・理念

【社是】「和」～話しあい・認めあい・助けあい～
【経営理念】『いい鋳物をつくる』『人を大切にする』
ハイキャストは、いい鋳物づくりを軸として「和」を合言葉に全社員一丸となってお客様の安心・満足・感動の創造に尽力し、全社員の物心両面の豊かさと地域社会および世の中の平和と発展に貢献することを目的とする。

代表取締役社長
高橋　健太郎 氏

◉幾多の苦難を乗り越えモデル工場を目指す

1916（大正5）年、現在の板橋区大山で鍋、釜を造る高橋鋳物工場でスタート、数年後にたばこ製造機の鋳鉄部品を手掛けたことが、のちの同社の歴史を大きく左右した。空襲で工場は全焼するも、専売公社など得意先の尽力もあり、戦後はいち早く事業を再開できたという。当時社長だった3代目の高橋金次氏は、身体が小さく徴兵を免れた負い目もあったのか、得意先の恩に対して鋳物を通じた国への奉仕を誓う。闇で売れば、高値で売れた鍋、釜には手を出さず、ひたすら公定価格での商売を貫いた。

4代目の高橋正敏（現会長）時代も苦難の連続。公害問題が深刻化し、工場移転を余儀なくされたが、鋳物工場を受け入れてくれる場所が見つからない。ようやく羽生の土地を購入したのも束の間、バブル崩壊で板橋の土地の買い手が付かず、さらには専売公社の機械事業部閉鎖で、たばこ製造機の仕事がなくなるなどの経営危機に見舞われた。その後は半導体関連の受注拡大などで持ち直したが、97年に同社に転身した健太郎社長は、「どんなに仕事をしても儲からない。救いは、たばこ製造

工場内風景

1500度に溶けた鉄を型に流し込む作業

機時代から続く一品モノに適した新しいラインと豊富な経験を持った職人が多数いたこと」と、述懐する。量産物と違い、多品種少量の一品受注は工程管理が難しい。健太郎社長は、独自の生産管理システムに基づく徹底した工程管理で納期を保証、顧客の信頼を徐々に獲得し、受注先を拡大していった。「たばこ製造機の部品時代、私の曾祖母にあたる2代目社長は技術にうるさい人だった。そのせいか渡り職人が少なく、人の定着率も高かったと聞く。つまるところ人ですよ」(同)。その確信が、2つの経営理念を導いた。今後は鋳物業界をリードするモデル工場を目指す。

竣工から27年を経た羽生工場は、毎年300件以上の改善提案に支えられながら、いま設備更新の真っ最中。数年後に一段と働きやすい職場に生まれ変わるが、愚直に高品質を追求するハイキャストの人の思いは変わらないだろう。

●長寿の秘訣

灼熱の工程で働く作業員から発せられる笑顔とあいさつ。羽生工場の若者は、一様に元気はつらつだ。社員旅行もある、飲み会もある、BBQもある。昨今の職場事情とはほぼ無縁だ。デザインチックな厚さ３ミリのピザ釜作りにも挑戦し、「みんなで創立記念日の６月発売を目指している」という。そのピザ釜に儲け話の臭いはない。健太郎社長には、課題を克服し、発売を喜ぶ社員の姿が見えている。

2018年９月に完成した新管理棟。
玄関ではマスコットキャラクター「ハイキャストン」がお出迎え。

●会社概要

設　　立：1916（大正5）年6月
所 在 地：東京都板橋区大山東町 38-8
事業内容：鋳造品の製造・販売【主な製品】射出成型機部品、工作機械部品、ダイキャスト部品、プレス機械部品、半導体製造装置部品、液晶製造装置部品、建設機械部品、鉄道部品、船舶コンプレッサー部品、ポンプ部品、油圧部品、ベアリング部品、金型、加工治具などの鋳鉄品
資 本 金：1,800 万円
売 上 高：8 億 460 万円（2019 年 11 月期）
社 員 数：39 名（2019 年 12 月現在）

URL：http://www.hicast.jp/

真空成形を究め、「江戸っ子1号」をバネに飛躍

バキュームモールド工業株式会社

空気を抜き、真空状態にしてプラスチックを加工する「真空成形」という技術がある。その真空成形に用いる金型の製作で、実績、シェアとも群を抜くのがバキュームモールド工業だ。社名に「真空」と「金型」の英語を連ねた同社は、「名は体を表す企業」として、その道を究め、さらなる高みを目指している。

「江戸っ子1号」とは、水深が数千〜1万mの深海で活躍する無人海底探査機の呼称。東京下町の中小製造業が中心となり、大学や金融機関とスクラムを組んで開発に成功したことは、つとに知られている。

●社是・理念

【理念】「利他の心」
【社是】個は全体によって活かされ、全体は個によって支えられている
【社訓】創意創造　共存共栄

代表取締役社長
渡部　雄治 氏

同社は江戸っ子1号プロジェクトが発足して間もなくの2011年にプロジェクトに参画。カメラ、GPS装置をはじめとする精密機器を収めたガラス球を覆う球状プラスチック製カバーを、得意の真空成形を駆使して作製した。他の部品製造も引き受け、江戸っ子1号とは切っても切れない企業になった。

渡部雄治社長は「当初は持ち出しばかりだったが、最近は江戸っ子1号から派生した受注案件が増え、業績に寄与している。また、展示会やワークショップで、江戸っ子1号と当社の技術を説明することが、社員のモチベーションを高めるなど、いい面がたくさん出ている」と、〝江戸っ子1号効果〟を語る。

◎確かな技術と「来るもの拒まず」で成長

真空成形技術は1960年ごろ、セルロイドが広まった時期に、その加工に適していたことから急速に普及した。関連事業者が次々と登場。同社もその1社で、石膏を用いた独自技術の確かさと、どんな注文にも「来るもの拒まず」で応える営業方針が功を奏し、会社はすぐに成長軌道

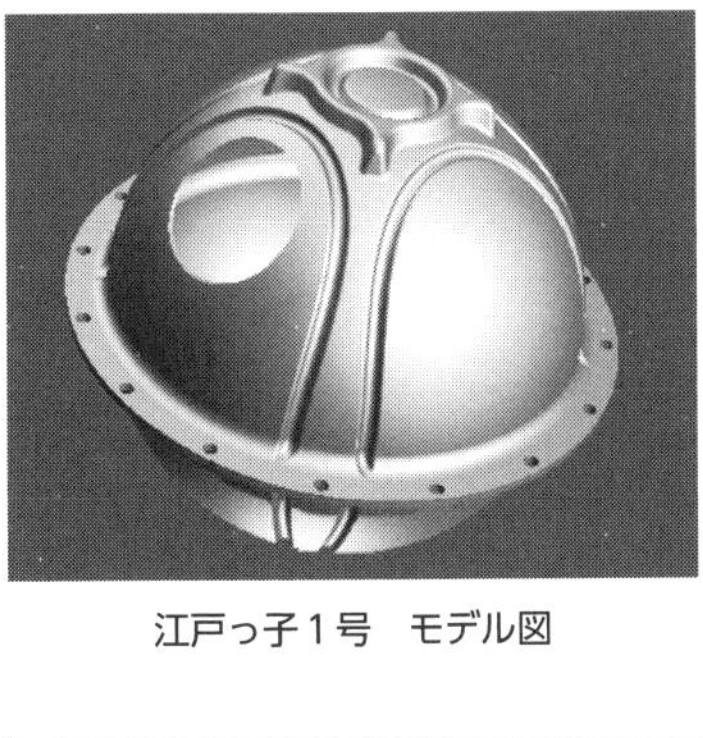

江戸っ子1号　モデル図

仕上げ

に乗った。

その後のプラスチック需要の急拡大が同社の躍進を後押しした。「柄の入ったお椀や、ガラスのような器も簡単につくれるプラスチックは、紙や木、ガラスを淘汰していった。スーパーマーケットやコンビニが台頭し、肉・魚、総菜を乗せるプラスチック製トレイが普及したのも追い風になった」(渡部社長)。

今では、カップ麺の容器、自動車ボディの天井部分、冷蔵庫の内張り、ゲーム機の覆いなどの製造にも同社の金型が使われているという。

同社の特筆できる事柄に、離職率の低さがある。「定年退職者も含め年間5%ほど。正社員に限るとさらに低くなる」(同)。日本企業の平均的な離職率は14~15%なので、この数値が同社の職場環境の良さを雄弁に物語る。数年前から在宅勤務制度を採用するなど、働き方改革にも積極的に取り組んでいる。

●長寿の秘訣

スーパー、コンビニの普及に伴う食生活の変化などが、プラスチック真空成形の需要を増やし、同社の業績伸長に直結した。脱プラスチックのうねりが高まった今、渡部社長は「プラスチックの量を減らすトレンドは、例えば、新しい形状の容器を生み出し、金型の新規需要につながる」と、前向きに“変化はチャンス”と捉える。こうした「変化への適応力」こそが成長発展の秘訣かも知れない。

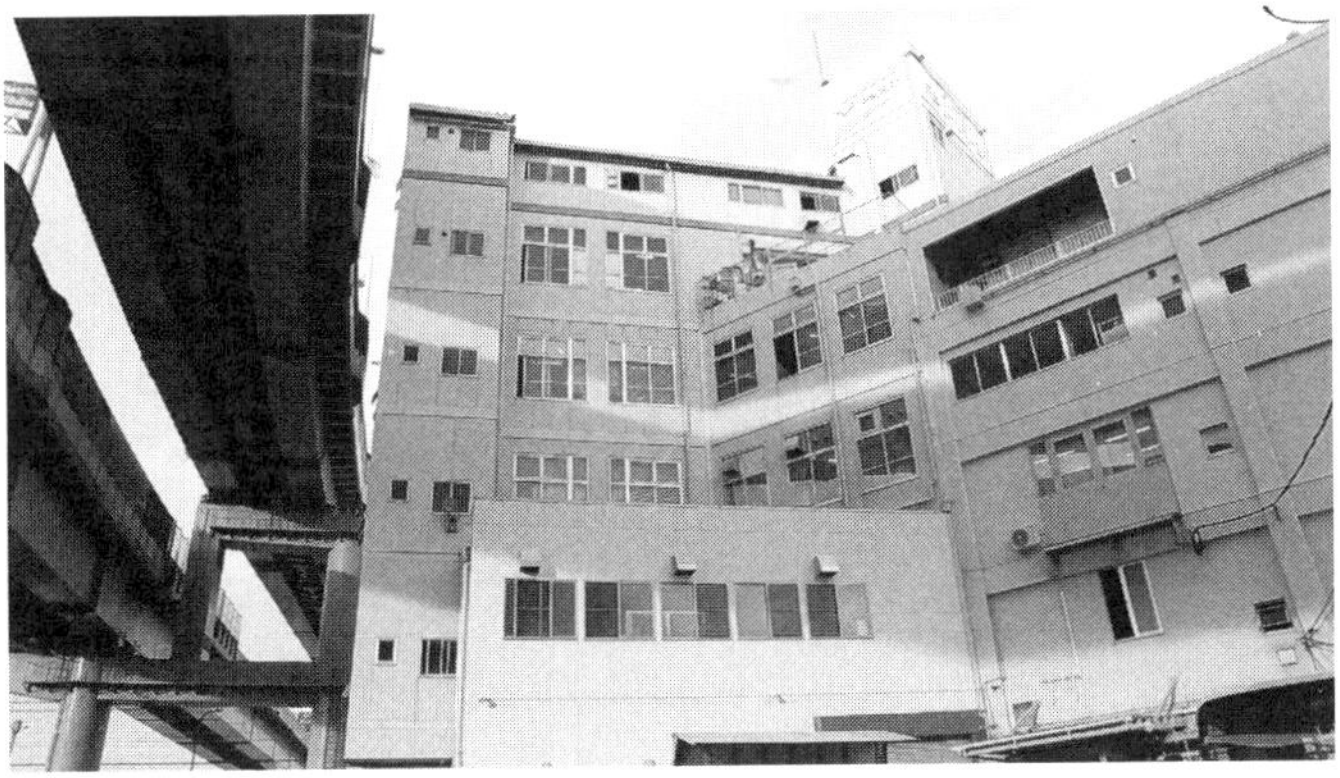

工場全景

●会社概要

創　業：1958（昭和 33）年 6 月
所在地：東京都墨田区墨田 5-23-11
事業内容：プラスチック製品の真空成形用金型及び抜型の設計、製作
資本金：9,000 万円
社員数：200 名（2020 年 1 月現在）

URL：http://www.vmold.co.jp/

チャレンジに終わりはない！
絶えず変化を続ける技術者集団

橋本精密工業株式会社

橋本精密工業は複合カシメ加工などで金型製作から薄板精密プレス加工までを一貫して手がけている。中国・深圳とベトナム・ハノイに自社工場を持ち、日本で試作開発した製品を海外で大量生産するというグローバル対応ができるのが強みだ。

◉精密金型とプレス加工で日本のものづくりを支える

創業者の橋本幸二氏が1935（昭和10）年に墨田区で個人経営のプレス工場として起業した。軍用トラック部品の生産で繁盛したが、東京大空襲で被災する。戦後に営業

●社是・理念

【社是】
創意工夫　共生
【経営理念】
情報思考と徹底した効率性、高品質の追求により
将来を担う
物づくりと新たな企業文化を創造する。

代表取締役
橋本　靖久 氏

を再開し、55年に東京科学（現・マブチモーター）から小型モーター部品の受注に成功して軌道に乗る。

70年2代目橋本朝夫が橋本精密工業株式会社を設立。

76年にはワイヤーカット放電加工機を導入し、金型の高精度・短納期・多品種少量生産を実現した。転機となったのは85年の茨城工場開設だ。91年NC工作機械工場、98年に茨城第二プレス工場、2000年に金型製造工場と拡張していき、生産拠点を東京都葛飾区から茨城県笠間市へ移した。

しかし、主力の薄板バネなどのプレス部品の生産が日本から中国やASEAN地域にシフト。価格競争で生き残るため、同社は海外進出に取り組む。02年に中国法人の香港橋本精密有限公司を設立、翌03年に沙井橋本精密廠を立ち上げて本格的な中国生産に乗り出した。

やがて中国でも経済成長に伴って人件費が高騰する。中国工場スタッフからも「こんな安い仕事では儲からない。人件費の安い国へ外注しましょう」と進言される始末。取引先の国産弱電メーカーも中国から東南アジアへのシフトを始め

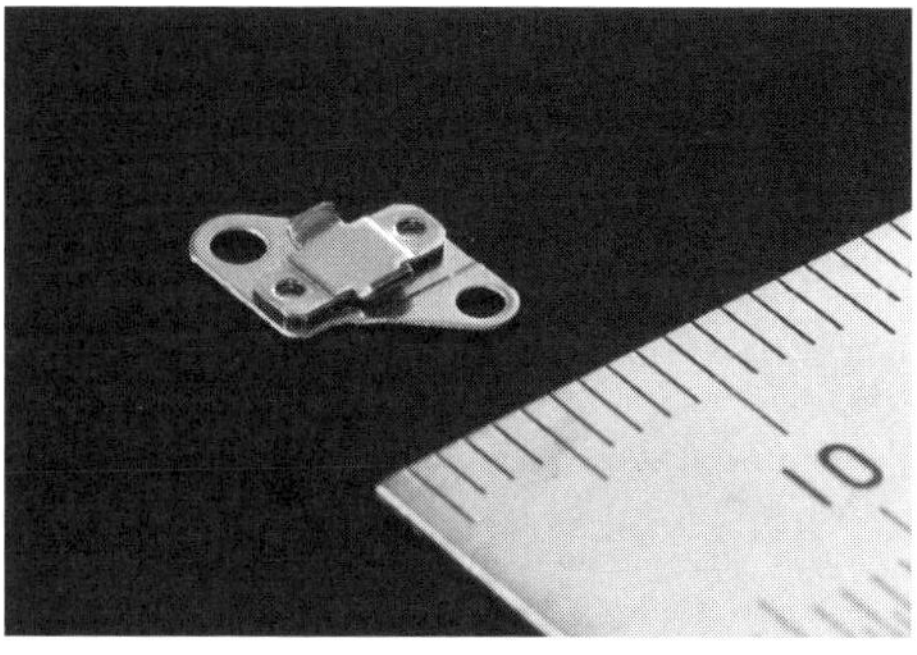

複合カシメ部品

精密順送金型

た。「チャイナプラスワン」である。そこで13年にハノイのバクザン省ドンヴァン工業団地でベトナム工場を着工。翌14年に竣工し、橋本精密ベトナムでの生産も始まった。

低コスト生産に対応するだけでなく、同社は付加価値の高い部品を求めて新規開拓にも注力。売上の90％を占めていたモーター部品以外の分野に挑戦する。「これ、できませんか？」と声がかかると、顧客からのアイデアや要望を実現するために社内の技術革新を進めた。

こうしてエンジン回りの自動車部品やインスタントカメラの印画紙排出部品、デジタル測定器の電池ボックス、集合住宅用避雷針のコネクターなど大小さまざまな部品の受注に次々と成功していく。

橋本靖久社長は「『やれない』『できない』をやめようと社内を鼓舞した。難しいことでも、先ずは挑戦。顧客はそうした企業のやる気を見てくれている」と振り返る。橋本精密工業の成長は、こうしたチャレンジ精神に支えられているのだ

●長寿の秘訣

なんと言っても「安住しない」経営姿勢だろう。小型モーター部品の安定した受注がありながら、新たな仕事を得るための設備投資と社内の技術革新を怠らなかった。高度成長から石油ショック、バブル経済とその崩壊、製造業の国内空洞化などを経て、国内プレス部品メーカーが相次いで姿を消した。それにもかかわらず同社が生き残ったのは、常に新たな「居場所」を探してきたからだ。そして、今もその挑戦は続いている。

前左から初代幸二、二代目朝夫、馬淵名誉会長（マブチモーター）

●会社概要

設　立：1935（昭和 10）年 1 月
所 在 地：東京都葛飾区立石 5-5-3
事業内容：順送金型製造、カシメ・曲げ・薄板などの金属プレス加工
売 上 高：連結 10 億円（2018 年度）
社 員 数：130 名（2019 年 12 月現在、海外含む）

URL：http://www.hskcoltd.co.jp/company/

非常用発電設備のトータルエンジサービスを提供

株式会社ハタノシステム

出征先のビルマから戻った創業者の波多野龍吉氏が、東京の焼け野原を目の当たりにしたとき、真っ先に思い立ったのが電気の必要性。発電機で国を支えることを決意して、1946（昭和21）年、ハタノシステムの前身である王子製作所を設立した。当初は、米軍の払い下げや中古のディーゼルエンジンをかき集め、発電機を組み立て販売していたが、53年にヤンマーディーゼルの特約店になったほか、60年には日本道路公団に非常用発電設備を納入。東京オリンピックを契機にした公共インフラの拡充とともに、同社は非常用発電設備の設計から施工、メンテナンスまで

●社是・理念

Vision	自分以外の誰かを大切にする世の中をつくりたい。
Mission	突き抜けた知識、技術、チームワークで発電システムのナンバーワンになる。
Values	社会のこと、お客さまのことを第一に考える。一時の損得よりも、良い関係を築くことを大切にする。知性を磨き、技術の向上に努める。みんないるから自分がいることを忘れない。変わることを恐れず、挑戦し続ける。自ら考え、自ら行動を起こす。顧客に役立つ製品の供給を通じて、日本のモノづくりに貢献する。

代表取締役社長
波多野　裕一 氏

をトータルサポートするエンジニアリング企業として成長を遂げてきた。

◉防災ニーズを背景に高まる存在感

この間、不特定多数の人が出入りする建屋での自家発電設備の設置が消防法で義務付けられたことも追い風となったが、同時に龍吉氏は自家用発電設備を自主認定する一般社団法人日本内燃力発電設備協会の発足に尽力し、病院や学校、公共施設のほか、オフィスビルや工場などバックアップ電源の普及促進に力を入れてきた。これまでの据え付け工事台数は、2015年に累計6000基を超える。3代目となる波多野裕一社長は、「やはり非常用なので二の次扱いされることもあったが、東日本大震災以降、社会全般の意識は明らかに変わった」という。大規模停電や電源ロスがもたらす影響は計り知れず、バックアップ電源を重視する傾向が強まりつつあるというわけだ。

最近は「データセンターなど、従来と異なる最終ユーザーのニーズもある」（波多野社長）とし、台風を含めた大規模災害のリスクに対して、非常用電源の設計・施工・保守ノウハウを有する

創業者の波多野龍吉氏

発電設備の設計CAD

同社に寄せられる期待は、高まるばかり。とはいえ波多野社長は、「ただ売上・利益を伸ばすことに注力するのではなく、お客様へ安全・安心をお届けすることを最優先している。限られたマンパワーの中でお客様に最高のエンジニアリングを提供することは、我々が創業時から大切に受け継いできたこと」ときっぱり。社是である誠実・奉仕の精神で、あくまでイザというときに着実に稼働する非常用電源の提供を大切にする。
いま同社は、国内のみならず海外でも力になれるハタノシステムを目指している。波多野社長は「外国でも電力を通じて、貢献できることがまだまだあるはず」と強調し、SDGsの取り組みの一環として、まずミャンマー（旧ビルマ）でバイオマス発電燃料の事業化を検討している。かつて創業者の龍吉氏が出征した地に技術を移転し、雇用確保につなげていく方針だ。

●長寿の秘訣

既存設備の入れ替えおよびメンテナンスを含め、年間約1600件の電気・機械器具設置工事をこなす専門集団は、ゼネコン、サブコンで絶大な信頼とブランドを誇る。地道に質の高い工事とメンテナンスを営んできた結果だが、そこには国を支える、世の中に奉仕するという創業者の理念がしっかり横たわる。2019年ビジョンとミッションを明確化し、東南アジアを中心にグローバルな取り組みを始めた同社に、新たな飛躍の訪れが予感される。

発電設備の試運転

●会社概要

創　　業：1946（昭和 21）年 10 月
所 在 地：東京都目黒区下目黒 2-23-18　目黒山手通ビル 7F
事業内容：自家発電設備、太陽光発電設備の企画・設計・販売・施工・メンテナンス
資 本 金：6,000 万円
売 上 高：45 億 5,440 万円（2019 年 5 月期）
社 員 数：114 名（2019 年 5 月現在）

URL：https://hatano.co.jp/

ホブ盤とラップ盤のゆるぎない品質で精密加工を支える

浜井産業株式会社

呉海軍工廠にいた創業者の浜井次朗氏が、スイス製の精密な歯車加工機に魅せられ、「これを何とか国産化したい」という思いから、1921（大正10）年に、浜井工業所を創立したのが同社の始まりだ。15年後の1936（昭和11）年、ようやく精密ホブ盤（歯車加工機）の試作に成功。以来同社は、刃物を回転させながら歯切り加工を行う小型ホブ盤の有力メーカーとして、戦中そして戦後の長い歴史を刻むことになる。

●社是・理念

【経営理念】

ゆるぎない品質の精密機械で産業の発展に貢献する。

代表取締役社長

武藤　公明 氏

◉50年代の自社製品技術が危機を救う

浜井次朗氏の孫にあたる武藤公明社長は、「職人気質の人だったと聞く。事業家というより技術屋で、機械に対して興味を持っていたようだ」と語るように、長く同社に引き継がれてきたのが、社是にもある「ゆるぎない品質」。自社が作り出す精密機械を通じて、産業界に貢献するというDNAが息づく。しかし、工作機械メーカーとして成長を目指した戦後の歴史は、決して平坦ではない。高度経済成長とともに栃木県足利市に製造拠点を構え、70年代にはマシニングセンタを開発して市場投入するも、大手量販メーカーとの競争激化やその後のバブル崩壊で撤退を余儀なくされている。一時はリストラを断行するなど厳しい経営状況に見舞われたが、浜井産業復活に向けた潮流が現れる。それが現在ホブ盤と並ぶ同社の主力製品になっているラップ盤の需要拡大だ。

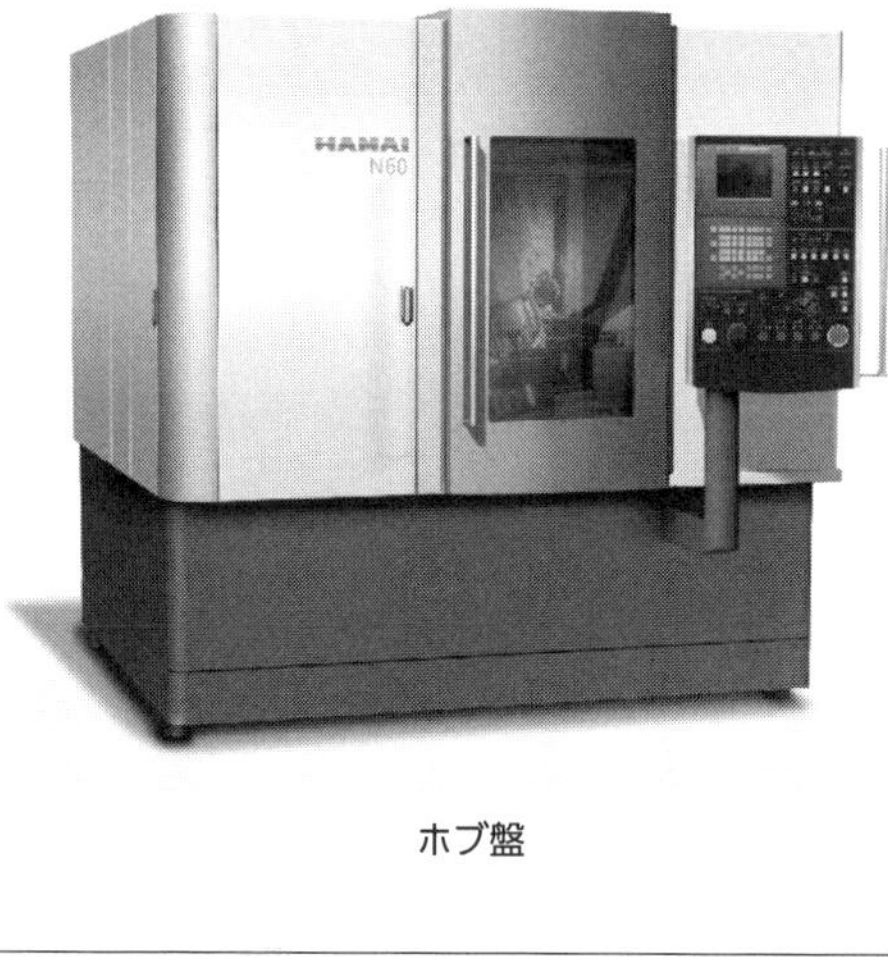

ホブ盤

ラップ盤

ラップ盤は、加工された素材の表面を平坦に仕上げる平面研磨機で、戦後いち早くこのラッピング研磨技術に着目し、独自の製品開発を確立したのが次朗氏。54年に国内で初めて平面ラップ盤の製造販売を開始した。しばらくは水晶振動子など、限られた市場向けの製品だったが、バブル崩壊以降は半導体ウェハーやハードディスクなどＩＴ関連からの受注が拡大し、同社の業績回復に大きく貢献することになった。「その昔、初代の次朗社長が開発したラップ盤をしっかり守り続けてきたことが大きい」（武藤社長）と振り返るように、自社の製品技術を守り育ててきたことが、同社を復活へと導いた。現在は、海外向けが約半数を占め、電子部品用材料をはじめ多様な製造工程で広く使われるまでに成長した。

今後も、ホブ盤とラップ盤を軸に量を求めるのではなく、高品質の製品を作り続けていく姿勢を掲げる一方で、「つねに中国、アジアなどの海外製の一歩先を行く製品づくりを進める」と、強調する武藤社長。将来的には、加工範囲を広げつつ、周辺分野を取り込み、浜井産業の新たな歴史づくりに挑む方針だ。

●長寿の秘訣

初代次朗社長の先見の明なのか、機械屋、技術屋だからできたホブ盤、ラップ盤という自社製品、自社技術の存在が大きい。2011年の社長就任以来、武藤社長もつねに産業界に貢献する高品質の製品を顧客に届ける姿勢を貫いてきた。過去のリストラの歪みで、40代半ば~50代半ばの社員が少ないながらも、「むしろ若い社員の力が発揮できる職場」とプラスに解釈、創業100年を見据えて社内エネルギーは満ちている。

足利工場

●会社概要

創　　業：1921（大正 10）年
設　　立：1938（昭和 13）年
所 在 地：東京都品川区西五反田 5-5-15
事業内容：精密ホブ盤、精密平面ラップ盤 / ポリッシュ盤等の製造販売
資 本 金：22 億 1,318 万円
社 員 数：104 名（2019 年 12 月現在）

URL：http://www.hamai.com

昇降機の安全・安心・快適をひたすらに追求

冨士エレベーター工業株式会社

マンションからオフィスビル、工場、公共施設などの建物に、乗用、人荷用、荷物用など各種エレベーターや小荷物専用昇降機といった製品を納めてきたエレベーターの専業。戦後まもない1947（昭和22）年に千代田区神田鎌倉町で会社設立。日本の昇降機市場の発展とともに、大手メーカーをはじめ競合がひしめくなか、幾多の困難を乗り越え、着実にブランドを維持・発展させてきた。

本質的にエレベーターは、行きたい階に人やモノを運ぶ、その機能を確実に、そして何十年という単位で求められる製品だ。商品だけでの独自性は出しづらい。それでも

●社是・理念

お客様に常に信頼していただける会社であることを第一義として、お客様の立場に立って、確かな商品・サービスを通じて昇降機の安全・安心・快適な稼動を提供する。

代表取締役
篠田　一喜 氏

篠田一喜社長が「大手メーカーの単なるフォローワーではない」と強調するように、エレベーター専業としての強みを随所に発揮し、歴史を積み重ねてきた。

強みの１つが、「丈夫で長持ち」の堅牢性。設置から50年以上を経た現役機が少なからず稼動し、設置されて以来数十年間の取引が続いている顧客も多数ある。「冨士エレベーターは頑丈」というブランドイメージが浸透している。ハードとしての堅牢性が顧客との信頼を生み出した。

２つ目が顧客とのワン・トゥ・ワンの関係性。長期にわたる継続的な取引を通じて、顧客ごとの状況をしっかり把握し、希望や要望に対して、きめ細かく柔軟にこたえられるようにしている。

1978年に建設した現本社ビル

◉２０１９年の試験塔完成で一段の設計開発力向上目指す

もう１つ特筆すべき同社の特徴が、自社製造工場を持たないファブレスメーカーであるという点だ。創業以来、製造は各分野のパートナー企業に委託し、同社は設計・開発と販売、工事、保守・サービスに特化する事業形態だ。

蓄積された経験に基づく高い技術力とオペレーション機能を発揮しながら、製造技術に長けた協力企業とのコラボレーションで、製品を送り出し続けてきた。そして一段の設計開発力向上を目指して、２０１９年末に稼動を開始したエレベーターの試験塔。開発した製品や機構の実機検証や評価の質を高めて、設計開発力を一層強化し、「エレベーターの本質に磨きをかける」（同）という。

専業ファブレスメーカーの新たな挑戦が始まろうとしている。

2019年末に稼動を開始した試験塔（川崎市）

●長寿の秘訣

自社工場を持たない事業形態が、バブル崩壊以降の厳しい経営局面でプラスに働いたことは間違いない。だが昇降機の安全・安心と快適な稼動を提供するために、愚直に製品開発を推し進め、多くの顧客から揺るぎない信頼を勝ち得たことが大きい。自社工場はなくても、メーカーとして確固としたモノづくりを続けてきた姿勢の賜物だ。一段の品質向上に向けた試験塔完成が、同社の新たな飛躍を予感させる。

千代田区神田鎌倉町（旧町名）で創業した当時の写真

●会社概要

設　立：1947（昭和22）年6月
所 在 地：東京都千代田区内神田3-4-6
事業内容：昇降機の設計、製造、据付、販売、修理、保守
資 本 金：1,000万円
社 員 数：55名（2019年10月現在）

URL：http://www.fuji-elevator.co.jp/

保線と土木で東海道新幹線の安全輸送を支える匠集団

双葉鉄道工業株式会社

東海道新幹線の軌道やトンネル、橋梁等の土木構造物の維持管理に関する工事業務に従事している。旧国鉄の保守会社として戦後まもなく設立され、国鉄の分割・民営化の動きに合わせて、１９９５年にＪＲ東海の関連会社となった。在来線の保守も手掛けるが、業務の中心は世界最良の高速鉄道である東海道新幹線の保線工事と土木工事。「事故防止が全てに優先する」という基本方針のもと、優れた技術力に勘と知見を有した現場作業員の匠の力で、死傷事故ゼロを続け、東海道新幹線の安全輸送を支えている。

●社是・理念

「事故防止が全てに優先する」

・清廉潔白

・不惜身命

・初志貫徹

代表取締役社長

関　雅樹 氏

◉「大規模改修工事」を推進

日本の大動脈である東海道新幹線は、速度も速く列車本数も多いので線路の狂いが発生する。保線工事を担う軌道部門では、発生した線路の狂いをミリ単位で整備することで、つねに良好な状態に保ち、安全で快適な高速走行を維持する業務に従事している。これらの保線工事は、列車運行が終了した真夜中に、毎晩６００名以上の作業員を投入し、まくらぎ更換工事などの地道な業務である。土木部門は、トンネルや橋梁などの構造物の改良強化工事と、保守・修繕工事を行う。特に東海道新幹線は、２０１３年から予防保全として「大規模改修工事」が始まっており、コンクリートのひび割れなどの経年劣化対策として補修を行い、構造物を健全な状態で未来に引き継ぐための大工事の真っ最中。これを円滑、着実に推進することが、同社に課させられた大きな役割だ。

保線工事には毎晩600名の作業員が従事する

リニア中央新幹線の建設工事にも参画（写真は測量業務）

この大規模改修工事の生みの親こそ、ＪＲ東海の専務執行役員から２０１４年に双葉の社長に就任した現社長の関雅樹氏。ＪＲ東海の新幹線鉄道事業本部長として大規模改修工事を計画し、今度は双葉のトップとして工事を陣頭指揮することになった。「開業50年を超えた東海道新幹線の大規模改修工事は、インフラの将来を見据えた一大プロジェクト。私はその棟梁でもある」という関社長。「これからは従来の事後補修ではなく、予防保全が世界の規範になる」と解説する。

今後同社は、今回の大規模改修工事の実績をテコに、新たな高速鉄道として期待されるリニア中央新幹線の建設工事にも参画し、軌道と土木の分野で匠の力を発揮していく方針だ。昭和から平成の時代を駆け抜けた東海道新幹線。その安全輸送を支え続けた双葉鉄道工業の存在は、令和の時代に一段と輝きを増すことになるだろう。

●長寿の秘訣

現場技術に根差した鉄道工事のプロ集団。協力会社を含めて社員一人ひとりに備わった匠の技能が、同社の力の源泉だ。業績を順調に伸ばし、毎年全国の大学から優秀な人材を採用する一方で、社員の声に耳を傾け、スマートな作業服の採用やちょっとリッチな懇親会など社内改革にも積極的。数多くの実績を持ちながら、「いまだ現役の保線屋」を自称する関社長のリーダーシップが大きい。

女性社員を含めた危険予知トレーニング（KYT）にも積極的

●会社概要

設　　立：1949（昭和 24）年 4 月
所 在 地：東京都港区新橋 5-14-6
事業内容：東海道新幹線等の鉄道軌道および土木構造物の維持管理業務
完成工事高：約 234 億円（2018 年度）
社 員 数：454 名（2019 年 8 月現在）

URL：https://www.futaba-t.co.jp/

ゴム+樹脂の知見を活かし、3Dプリンター事業で飛躍期す

ホッティーポリマー株式会社

「3Dプリンターを中心とするソリューションビジネス。それが〝第3創業期〟の新たな指針です」（堀田秀敏社長）。1948（昭和23）年にゴム履物製造の堀田ゴム工業所として創業。51年、堀田ゴム工業㈱に改組し今日につながる同社は、時代のうねり、社会の変遷に合わせた変わり身を繰り返している。「変化に適応したものだけが生き残る」というダーウィンの進化論を、身をもって証明するかのように。

戦後の混乱期に現社長の父親らが立ち上げた同社は、モータリゼーションの普及に対応して、車の窓枠製造など

●社是・理念

【基本理念】

環境保全への貢献を常に考え、IT等を活用して常に効率を追求し、お客様が充分満足されるよう、最高の品質と独創的な技術及び一流のサービスで差別化し、グローバルな競争を勝ち続け、社会へ貢献できるよう成長が継続され、企業としての社会的責任（CSR）を全うする。そして明るく活力ある職場が常に維持されるよう、謙虚な心と感謝の気持ちそして素直さを忘れずに仕事を通して成長し、価値観の違いがあっても一人一人が幸せであるよう心身共に健康で豊かな楽しい人生を送ることを目指します。

代表取締役社長

堀田　秀敏 氏

自動車分野に重心を移していく。しかし、90年代半ばになると、自動車産業の空洞化やゴム部品の共通化、脱ゴム化といった動きが重なり、需要は激減する。

そこで、ゴム製品で培った技術・ノウハウを横展開する格好で、樹脂製品の開発・製造に乗り出す。横展開は見事、成功。住設・建材に最適な新製品を創り出し、2000年代半ばには樹脂製品とゴム製品が半々の比率になる。

2007年、現在の社名に変更する。「ゴム工業では実状に合わなくなったから」（堀田社長）で、第2創業を成し遂げたとも言えよう。ちなみに「ゴムはゴムメーカー、樹脂は樹脂メーカーで、両方を手がけるのは、一部大手企業を除くと当社だけ」（同）と、稀有なポジションを確立し、2010年にはタイ工場を創立した。また、海外顧客も開拓した。

◉3Dプリンターの有用性と将来性を確信

19年秋、「3Dプリンターを中心とするソリューションカンパニー」への脱皮を宣言する。以前から、治具づくり

特殊滑性樹脂を被膜した高摺動、
耐摩耗樹脂押出品「スベアップ」

力を入れている３Ｄプリンター用フィラメント

など社内ユースに3Dプリンターを用いてきて、その有用性と将来性に確信を持ったためだ。３Ｄプリンターの販売、３Ｄプリンターによる受託製作、付随サービスの提供など、関連事業を幅広く手がけていく。

特に力を入れるのが、３Ｄプリンター用フィラメント（熱可塑性樹脂糸）の供給事業だ。得意の樹脂コンパウンドを生かし、ユーザーの多様な用途に適合するフィラメントを開発・提供していく。

ソリューションカンパニー宣言と同時期に、20年後の40年を見据えた長期ビジョンを策定した。骨子はM&Aにもチャレンジして、売上高１００億円（直近は27億円余）、利益10億円、社員３００人の規模に成長するというもの。併せて、5年後に株式を公開できるだけの企業体質になるとの中期目標も定めた。中期と長期の目標をシンクロさせて、〝第3の事業〟を大きく伸ばしていく。

●長寿の秘訣

同社ホームページには過去20年余りの業績推移が示されている。この20年間、経営トップを務める堀田社長の「情報は隠さずオープンにする」という考えを反映したものだ。堀田社長は、SDGsやジェンダー、ダイバシティ—といった今日的問題にも関心を持ち、それらの理念を社内で実践している。こうしたトップの姿勢と感性が、よき社風として定着し、同社の何よりの強みとなっている。

新年会集合写真

●会社概要

設　立：1951（昭和 26）年 3 月
所 在 地：東京都墨田区東向島 4-43-8
事業内容：ゴム・プラスチック製品の製造・販売及び 3D プリンター販売・受託加工サービス・コンサルティング等
資 本 金：2,000 万円
社 員 数：100 名（2019 年 6 月）

URL：http://www.hotty.co.jp/

ちょっと便利なユニークな下町の老舗粉砕機メーカー

槇野産業株式会社

1926（大正15）年、創業者の槇野義一郎氏が、独自設計した粉砕機の製造を開始したのが槇野産業の始まりだ。従来の粉砕機と異なり、破砕部位の回転板と、ふるいの役目をするスクリーンを用途に応じて交換できるようにしたのが最大の特長で、「マキノ式万能粉砕機」と呼ばれた。そして、このマキノ式粉砕機は、戦後日本の食糧難を支えた歴史を持つ。穀類を粉にして配給することを計画した当時の政府は、マキノ式粉砕機の機能に着目。1万台の生産計画を掲げるとともに、同社に設計図面の公開を求めたという。やがて公開された図面をもとに、マキノ式粉砕

●社是・理念

「ちょっと便利なユニークな会社」をモットーに、変化を恐れず顧客第一主義での物作り、サービスをする会社を目指す。

代表取締役
槇野　利光 氏

機は三菱重工業など8社13工場で製造され、食糧難解決に寄与した。累計販売台数は1万台超、いまなお同社のメイン製品の一つだ。

◉顧客の困りごとを解決する粉砕コンサル目指す

粉砕機の種類や用途は、実にさまざまで、槇野産業が手掛ける顧客も食品関係だけでなく、建材廃材等のリサイクルや、携帯端末等のレアメタルなど幅広い。このため破砕、粗粉砕、微粉砕から周辺機器まで、数多くの商品を取り揃え、千葉には持ち込んだ原料を粉砕できるテスト工場を構えるが、3代目となる槇野利光社長は、「顧客の多様なニーズと困りごとを解決しようとやってきた結果」と説明する。例えば「クリーンシフター」という製品。飼料を作る粉砕機のユーザーから、穀物袋の梱包糸が紛れ込んで、給餌装置が故障すると聞き、糸くずを連続除去できる選別機を開発してしまった。

現在のマキノ式粉砕機

プラスチック微粉砕機

海外製品も少なくない。欧米アジアなど世界各国のメーカーと、日本における代理店契約を結んでいる。槇野社長は、若い時分から海外の展示会に赴き、他社にはない製品を見つけては、国内販売する戦術を進めてきた。「当社はいわばよろずやであり、粉砕に関するコンサルタント。自社製だろうが、他社製だろうが、顧客の課題を解決することが使命」（槇野社長）と、きっぱり。自社で解決できない場合は、他社を紹介することもある。「紹介では売上にはならないが、相手は当社を記憶する。長い目で見れば、いつか注文になって戻ってくることもある」という。

あくまで顧客メリットに向き合う姿勢を貫く同社も、創業１００年を間近に控える。今後の方向性について、槇野社長は「量的拡大を求めず、ソフト部分を軸にした一段の質的向上と、環境変化への対応を心掛けていく。同時に葛飾の下町イメージを大事にして、うまいけど安いＢ級グルメのような、ちょっと便利なユニークな会社を目指したい」と、強面のなかに和やかな笑みをのぞかせる。

●長寿の秘訣

日本の粉砕機のパイオニアを築いた１社。自社の確かな製品技術もさることながら、長い歴史のなかで培った粉砕に関する高い知見と、海外を含めて業界に精通した情報・人脈の存在も大きい。そして何より「会社はおカネを儲けるところではなく、関係する人がしあわせになるところ」と、真っすぐに語る経営トップの存在が大きい。

戦後間もない頃の生産現場

●会社概要

創　業：1926（大正 15）年 2 月
所 在 地：東京都葛飾区東四つ木 2-11-8
資 本 金：2,000 万円
事業内容：破砕・粉砕、分級・分離、混合機器および周辺機器の製造販売
社 員 数：31 名（2019 年 12 月現在）

URL：http://www.mkn.co.jp/

社会に安全と安心を提供する品質保証を科学するモノづくり集団

マークテック株式会社

マークテックは非破壊検査用探傷剤の化成品メーカーとして1955（昭和30）年に設立し、その後、非破壊検査とマーキングの総合メーカーとして、世界を舞台に事業展開している。特に国内トップメーカーとして、顧客ニーズにマッチした機械装置と純正消耗品（化学品）の開発をすることで他社にはできないワンストップサービスの提供ができる点が、マークテックの大きな強みだ。

「非破壊検査」とは、例えば部品や製品を傷つけることなく微細な欠陥を見出して、破壊事故を未然に防ぐ技術で、自動車や鉄道、飛行機などあらゆるシーンで私達の

●社是・理念

【企業理念】
品質保証を通して社会に安全と安心を提供する
【ビジョン】
お客様に“ありがとう”と笑顔で感謝される“モノづくり集団”
【中期経営ビジョン】
“品質保証を科学するモノづくり集団”として、日本、そしてアジアから世界に通用するブランドをつくる

代表取締役社長
西本　圭吾 氏

日々の生活に欠かせないものとなっている。生活の基盤である「安全」を確保するための技術である。

もう1つの事業の柱である「マーキング」とは、主に鋼管、厚板、コイルなどの特殊鋼材へ直接傷マーキングや、トレサビリティ用の英数字、二次元コード、製造者マークなどを印字するもの。製鉄所内のトラッキングや万が一、不具合のあった製品の特定・回収など、こちらも安全性の確保と、品質保証領域において欠かせない技術である。

◉早い時期から積極的なグローバル化を推進

西本圭吾社長が「社会に安全と安心を提供し続ける『品質保証を科学するモノづくり集団』として、世界に通用するブランドをつくる」と語る通り、上記2つの事業を柱に、マークテックでは早い段階から海外へ積極展開してきた。中国、韓国、タイへと展開し、中国とタイでは100%出資の工場を建設。最近では2019年12月に、インドネシア・ジャカルタにて、協

印字装置「PJ-1B」（使用例）

非破壊検査剤「スーパーチェック」

業パートナー施設内にデモルームを新設した。また、20年中にはインドの現地パートナーの協力を得て現法MARKTEC INDIAを設立し、市場開拓、生産・製造設備の立上げ、品質管理体制の構築を目指すことが決まっている。

こうしたグローバル化路線を担う人材教育にも力を入れていて、マルチな人材を育てるための独自の社内教育システムを採用している。西本社長は「同じ製造業でも、うちは若い社員が多くて、平均年齢は30台半ば。若い人でもやる気とスキルがあれば、一人でも海外で仕事ができるような、社内の仕組みを構築した」と言う。

成田工場

さらに、マークテックはM&Aによる技術承継にも力を入れている。18年には実環境試験装置（建材向け動風圧試験装置など）の本田工業（大阪市）を子会社化した。品質保証に関連する技術を持つ中小企業を傘下に入れることで、技術承継を積極的に進めていく考えだ。品質保証を柱にした、多角的かつ積極的な経営戦略で、〝モノづくり集団〟として創業100年を目指す方針だ。

●長寿の秘訣

品質保証に関係するのは鉄鋼や自動車、発電所といった生産分野だけではない。最近は台風など自然災害が多発し、ドアやサッシなど建材メーカーの耐久性環境試験に関するニーズも高まっている。人々が安全・安心に生活する社会の実現に、幅広く貢献できる技術を持つことが、同社の存在価値を高め、さらなる成長を予感させている。最近はドローンの安全性など、新しい技術の誕生もマークテックの可能性を広げていく。

ビジネスフィールド

●会社概要

設　立：1955(昭和30)年3月
所在地：東京都大田区大森西4-17-35
事業内容：非破壊検査用品、機器の開発・製造・販売、据付工事の請負。化学薬品の開発・製造・販売。印字装置の開発・製造・販売、据付工事の請負。マーキング装置（位置等表示）の開発・製造・販売、据付工事の請負。ほか
資本金：20億7,861万円
売上高：連結54億円・単体36億円(2019年12月期)
社員数：134名(2019年12月31日現在)

URL：http://www.marktec.co.jp/

多様なニーズに小回り利かせる破砕・粉砕機メーカー

株式会社増野製作所

初代・増野清香社長が、セメント製造機械の国産化を目指し、同社を設立したのが1913（大正2）年。南千住駅近くの工場の一角を借り受け、事業を始めると、日本の建築需要の高まりを背景に、増野製作所もロータリーキルンを主体とするセメント会社向けの供給で業容を拡大。さらに昭和になると石炭ガス発生炉を数多く手掛け、昭和10年～20年の頃には、石炭ガス発生炉で国内シェア9割を誇った。戦後は、復興の苦労を重ねながらも、原料粉砕設備を軸に幅広いラインナップを持つ粉砕関連メーカーとして事業を拡大させてきた。

●社是・理念

【経営理念】創る喜びをお客さまとともに

お客さまのご要望に真摯に向き合い、問題解決のためのソリューションを提案するとともに、更なる付加価値を生み出していただけるよう、きめ細かなサポートと心を込めたサービスを提供いたします。広く社会に貢献することこそ、わが社のミッションと位置づけ、今後も努力を重ねてまいります。

代表取締役社長
増野　繁 氏

◉粉の未来をつなぐベストパートナー

「使う人（お客）の身になって設計を！」―。初代社長の清香氏が残した「製図訓」にある言葉だ。図面に厳しかったとされる清香氏は、戦時中に設計者の心得として十訓を作成したが、訓示第二項で顧客本位の姿勢を説いている。以来、製図訓は設計室の左右の銘となり、同社の製品開発の基本姿勢として受け継がれてきた。例えば、古くから製造販売している衝撃式破砕機の「スイングハンマミル」。各種鉱石や石灰石、ガラス、焼却灰などの材料を破砕する丈夫で長持ちの代表格。最近も昭和20年代の製品修理を依頼されたというように、寿命が長く摩耗部品の交換を容易に行える。食品用途で需要が伸びているのが、気流粉砕の「ニューミクロシクロマット」。空気の高速渦流による圧力変動で原料を高周波振動させて自己破壊させる仕組みで、茶葉や米などの食料品の微粉砕で引き合いが増えている。そのほか解砕機や分級、ふるい分けまで、原料を破砕し、粉状にする一連の工程をカ

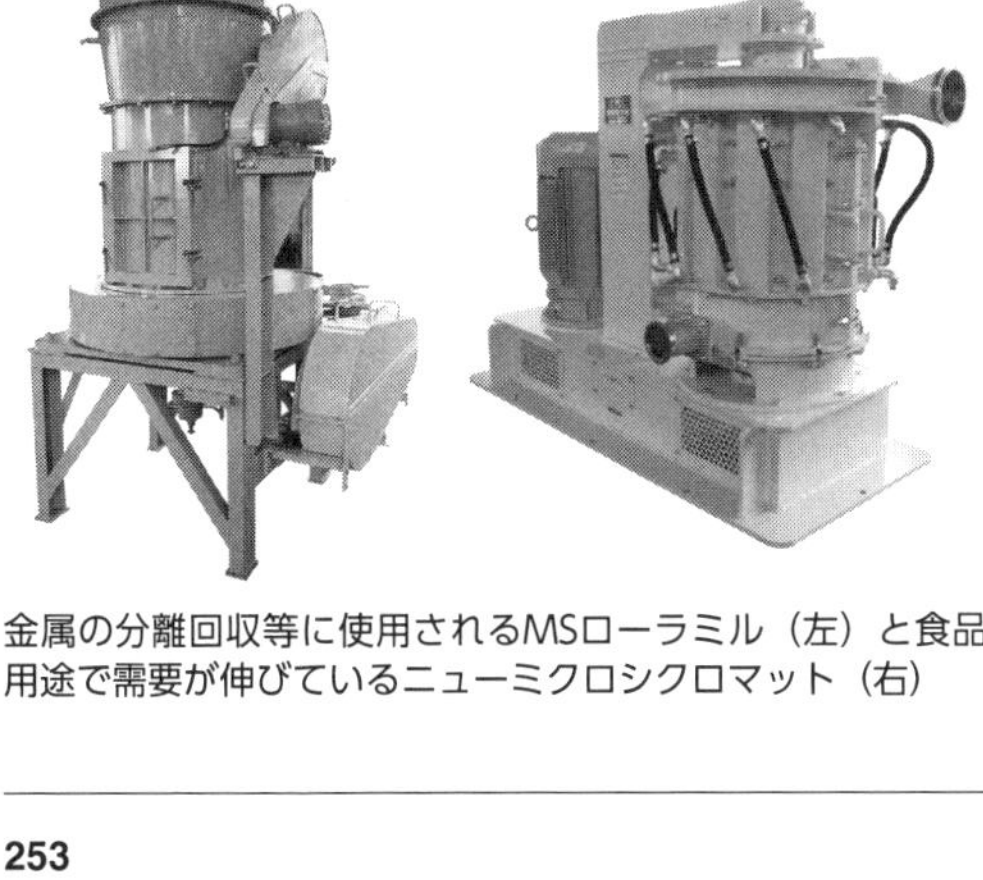

金属の分離回収等に使用されるMSローラミル（左）と食品用途で需要が伸びているニューミクロシクロマット（右）

バーし、石灰石や鉱物や木材、プラスチック、各種食品原料など、さまざまな産業用途に納入しているが、最近は、石灰石やセメントなどの従来の需要に加え、携帯端末などから希少金属を取り出すための都市鉱山ニーズも少なくないという。

　長年にわたって顧客ニーズに対応してきたが、増野社長は「細かい要望に対応できる小回りの良さが当社の売り。売りっぱなしではなく、アフターフォローも徹底している」と、自社の強みを強調する。どんな原料をどのくらい細かく粉砕し、最終的に何に使うのか、そうした用途も直接顧客からヒアリングし、使う身になって最適な仕様を提案する。汎用品を製作して納めるというよりは、顧客に応じて、標準製品をベースに細部の仕様変更を行って納品するケースが大半だ。

さまざまな粉砕用途に対応して幅広いランナップを揃える。ディスインテグレーター（左）とスイングハンマミル（ステンレス仕様）（右）

　現在、開発製造拠点は、茨城県の石岡工場に集約し、荒川区の本社ビルには本社機能と営業・技術が籍を置き、ウェブサイトも活用した顧客開拓に力を入れるとともに、海外販売も積極的に進め、現在25カ国に輸出実績がある。今後も、「粉の未来をつなぐベストパートナー」をモットーに、産業界の多様な破砕・粉砕ニーズに対応していく方針だ。

●長寿の秘訣

初代の清香社長が独立を決意したのも、社会資本整備に不可欠な国内のセメント産業を強化し、国力の発展と成長に資する思いがあったのだろう。石炭ガス発生炉の事業拡大も石油資源に恵まれない国内事情をにらんだ結果であり、同社は国の発展を願い、国とともに歩んできた会社と言える。現在も「粉の未来をつなぐベストパートナー」を掲げる同社の底流には、顧客利益や公益を大事にする意識が息づいている。

大正６年に現本社所在地に移転直後の事務所（左）と現在の本社屋（右）

●会社概要

創　業：1913（大正 2）年 4 月
設　立：1940（昭和 15）年 4 月
所在地：東京都荒川区荒川 2-1-5
資本金：1 億円
事業内容：破砕機、粉砕機、微粉砕機、篩分け・分級用機器等の製造販売および受託粉砕加工

URL：https://masuno.co.jp/

高い技術力を駆使するソリューション型の機械商社

三國機械工業株式会社

表向きはコンプレッサや油圧機器を中心とする機械商社。しかし三國機械工業は、他の機械商社と決定的に異なる点がある。機械単体を売るのではなく、周辺機器までカバーしたエンジニアリング機能を持つ商社である点だ。3代目の清水忠憲社長は、「機械商社が取りたがらないインタフェイス・リスクを取れるということ。60年も前から技術リスクを伴う仕事を手掛けてきた」と、自社の歴史と強みを説明する。

◉エンジニアリング商社として成長

●社是・理念

1．共存共栄の理念：顧客のニーズに応えながら、利益有る成長を図ります。2．進化の理念：常に最新技術を進んで取り入れ、たゆまぬ進化を遂げながら価値有る商品を開発し販売します。3．スピード経営の理念：時代の変化に素早く適応し、スピードのある質の高い経営を追求します。4．社員が財産の理念：社員が意欲・能力・個性を尊重・育成し各人の技や智を組織に最大限生かします。5．社会的責任の理念：公正で透明性のある企業活動を遂行し、社会に貢献します。

代表取締役社長
清水　忠憲 氏

創業者の清水岩吉氏が陣頭指揮していた高度成長期。ある顧客から、コンプレッサだけではなく周辺機器を含めたユニット納品の依頼が寄せられた。複数の装置を仕入れて納めることはできても、据え付け後に各装置が正常に作動し正常な性能が発揮できるかわからない。だから商社は、こうした受注形態を極力回避する。実際、岩吉氏の時代も当初は多くの不具合に見舞われたようだが、「困っている顧客がいる。ここに顧客のニーズがある」として、むしろ積極的に技術系の人材を獲得し、エンジニアリング商社としての実力を高めていったのだ。

もう1つ、現在の同社事業の一角にもなっている2代目の清水修一郎氏が推進した海外製品の輸入販売だ。性能、価格で優れる海外製品があっても、並みの商社では現地工場渡しでは手も足も出ない。修一郎氏は、輸出入業務に必要な貿易、通貨、言語に長けた人材を整えるとともに、自社のエンジ技術を活用して日本の法規や規格に適合するよ

主力商品の1つ、ダイアフラムコンプレッサ

引き合いが多い海外製品の圧力波式スートブロワ

う調整。さらに同社がメンテナンスやアフターサービスを行うことで、多様な海外製品を扱えるようにした。最近ではボイラ内部の堆積物や灰を取り除く圧力波式スートブロワなどのヒット商品があるほか、日本製品の撤退に伴う海外製品の装置需要が増えている。

「技術と海外の二つを備えソリューションの幅が広いことが、当社の強みでもある」という清水社長。「規模を追う経営とは真逆の会社」で、社員のための会社という創業時の社訓を守り奔走してきた。まじめな社風も手伝って、知名度が浸透している重工プラント業界以外のフィールドでも豊富な実績を重ね、現在の取引社数は年間数百社に及ぶ。「約70人の規模だが専門分野で多くのエキスパートがいる。社員という資産をもとに、今後も顧客目線で魅力ある提案をしていく」（清水社長）方針で、創業100年を見据えている。

●長寿の秘訣

「質実剛健、まじめが取り得の家族的な社風の会社です」。堅い会社気質を何度も強調する清水社長だが、技術リスクや海外製品の事例が示すように、新たなチャレンジに対する動きは軽快だ。一方で、中途や外国人ら多様な人材を採用しながら、収益の多くを社員に還元するなど、社員あっての会社という姿勢が際立つ。経営とは何か、会社とは何か。3代続く社訓と向き合い続けた答えが、そこにある。

創業時の清水岩吉（初代社長）とその商品（昭和25年）

●会社概要

設　立：1950（昭和 25）年6月
所 在 地：東京都墨田区両国 3-19-11
事業内容：コンプレッサ・油圧装置等の販売、周辺機器の設計、製作、販売
資 本 金：8,800 万円
社 員 数：70 名

URL：http://www.mikunikikai.jp/index.html

高い品質と技術力を最大の武器に顧客ニーズに応え続けて89年

株式会社三ツ矢

五反田駅から徒歩7分、都心のど真ん中に位置するのが三ツ矢のめっき工場だ。スペースシャトル・エンデバー号における宇宙での合金実験に使われた金属反射鏡の特殊金めっきなど、世界最先端の技術を誇っている。

1931（昭和6）年の創業以来、一貫してめっき加工技術に特化してきた三ツ矢は、めっきの品種だけでも現在、約90種類。金めっきだけでも光沢、無光沢、各種合金、高硬質など15種もある。また、国内4つの工場および技術センターと世田谷研究所により、めっきの難しい素材や、金属アレルギーを起こさないような特殊な仕様など、

●社是・理念

【経営理念】「和敬」お互いの人格を認め、尊敬しあい、衆知を集め、協力しあって働きやすい職場をつくる。
【社訓】「より良く、より早く、より安く」（三ツ矢の社名の由来でもある）
【経営方針】世界の最先端技術が必要とする表面処理を信頼されるものづくりで常に実現する
【スローガン】めっきの三ツ矢　～人を創る、未来を造る～

代表取締役
草間　誠一郎 氏

めっきに関するありとあらゆるニーズに対応できるのが、三ツ矢の最大の強みとなっている。それが「めっきのことなら、三ツ矢に行けば何とかなる」という評判を呼び、都心の工場には相談に駆け込んで来るユーザーも多い。そうして積み重ねてきた結果、製作実績は年間135、448件、リピート企業数は1180社。さらに、自動車関連のエンジン用センサーでは世界シェア4割という、高い数字を実現させた。

◉競争力の高い優れた品質が強み

草間誠一郎社長は、長寿の理由の1つに、創業から受け継がれている企業理念が大きく影響していると考えている。「どんな難しい依頼でも断わるな、と教えられた。お客様のニーズに、ひとつずつ丁寧に応える形でやってきた結果、今があると思う。お客様が私達を育ててくれた」と語る。

希望する顧客には、開発段階から技術者が参加して、製品に合った最適のめっき加工を提案することもある。加工後の製品の品質を安定させ、無駄なコストを発生させない「質の高いめっき」を

昭和12年当時の三ツ矢の社屋

フープめっきライン

提供できる。

こうした高い品質を支えているのが、人材育成だと草間社長は言う。拠点となっているのが2016年に発足した「技能研修センター」で、現代の名工に選ばれた小澤茂男専務が中心となって技術技能教育を行っている。

海外からの問い合わせも増え、社内での英会話研修も定期的に実施している。「会社に入っても勉強したいという社員には、大学院への編入など門戸を広げ、人事制度も整えて、モチベーションアップを目指している」（草間社長）。こうした実績から、11年には東京都中小企業ものづくり人材育成大賞知事賞において大賞を受賞した。海底ケーブルから宇宙ステーションまで、幅広い分野で無くてはならない三ツ矢の技術力は、顧客も社員も大切にする仕組みと社風から生まれていた。

●長寿の秘訣

めっき加工という、ものづくりの幅広い分野で用いられる要素技術に特化した点が大きい。また、生産拠点も国内に絞って、むやみな拡大志向に乗らない着実な経営戦略を選択した経営者の慧眼と、社員を大切にする創業以来の社風も、長寿を実現させた要因である。顧客からの厳しい品質要求や納期に応え続けていくうちに、少しずつ力を蓄えてきた三ツ矢の姿は、製造業の理想のかたちでもある。

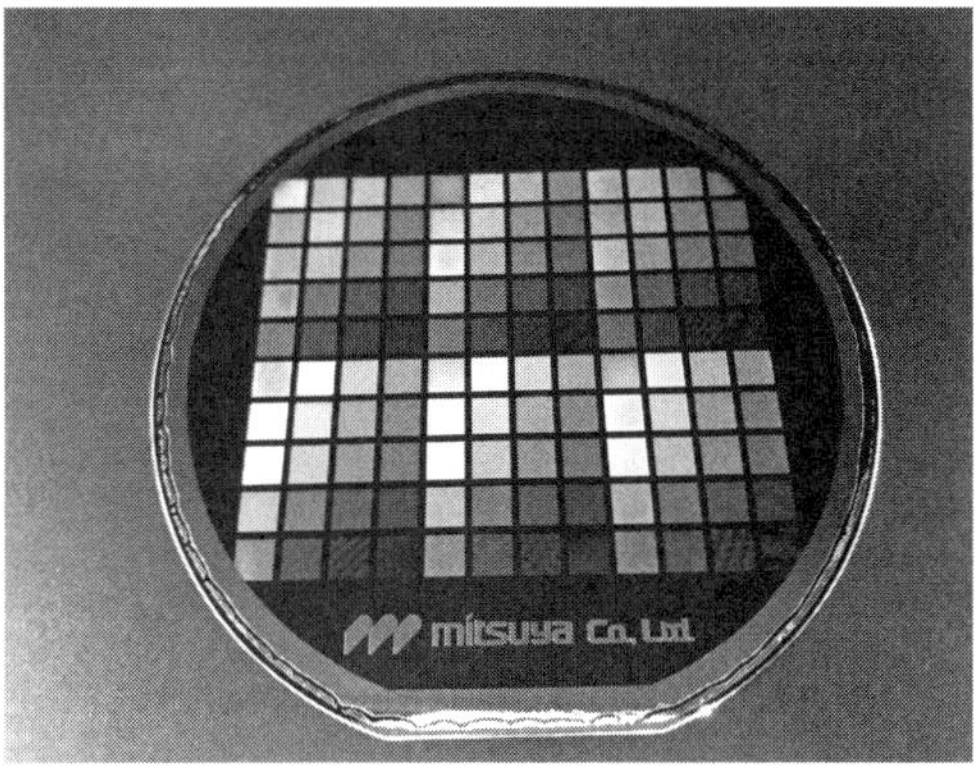

マイクロバンプめっきウェハ

●会社概要

創　　業：1931（昭和6）年10月
所 在 地：東京都品川区西五反田3-8-11
事業内容：めっき加工
資 本 金：1,500万円
売 上 高：年商40億円（2019年）
社 員 数：315名（2019年10月現在）

URL：https://www.mitsuyanet.co.jp/

送風機一本に絞って100年
顧客のニーズに寄り添って次の100年を目指す

ミツヤ送風機株式会社

ミツヤ送風機は1920（大正9）年の創業以来、送風機に特化した専門メーカーである。「送風機はオフィスビルやホテルなどのビル空調用と、自動車関連工場など生産設備用の大きく2つに分けられるが、送風機だけに絞って、これ一本でやっている会社は他にありません」と小宮英明社長は胸を張る。「社員全員が送風機のことを考えている、というちょっと特殊な集団だからこそ、時代の変化に対応できる送風機を提案し続けることができたのかもしれません」と語っている。

専門メーカーとして絶えず時代のニーズに合った、質の

●社是・理念

【社是・経営理念】
良心的労作
【行動計画】
目標1　育児休業を取得しやすく、職場復帰をしやすい環境の整備を行う
目標2　短時間勤務制度の導入、利用を促進する

代表取締役社長
小宮　英明 氏

高い製品を提供してきた。高性能・省エネルギーな送風機を目指し、平ベルト駆動システムを搭載した「エコファン」は、省エネ大賞・資源エネルギー庁長官賞を受賞した。従来品に比べて摩擦ロスが少なく消費電力を4〜11％も削減できる製品として、世界中から注目されている。

こうした顧客との信頼関係は、同社が創業以来こだわってきた直販営業という形にも表れている。送風機メーカーの多くは代理店を使った間接営業が中心なのに対し、ミツヤ送風機はほとんどが直接営業である。顧客の声を直接聞くことで、他社に一歩先んじた、時代のニーズに合った製品開発が可能になった。

◉常に新しい風を取り入れる工夫を

高い製品開発力と技術力を誇るミツヤ送風機だが、小宮社長は次の100年に向けて、社内で事あるごとにチャレンジ精神を訴えている。「100年続くと、どうしても事

工場事務管理棟

既製品のエコファン改造

なかれ主義になってしまう傾向にある。特にわれわれのような規模の中小企業では、社内に競争文化が育ちにくい。同期社員が少なく、何もしなくても昇進していくので、仕方がない面もあるだろう。しかし、それでは次の100年に向けて生き残れない」と、チャレンジの必要性を訴え、変革の重要性を語っている。「チャレンジして失敗しても良い。新しい改革へと一歩踏み出す勇気を、評価したい」と語った。

最近では新しい試みとして、送風機の事前診断という新しいサービス分野にも視野に入れている。送風機は回転体なので、古くなったり壊れる前には、振動が出るなど、事前に兆候が出る。こうした異常に関するビッグデータをこつこつ積み重ねてきた結果、異常を察知して提案できるように体制を整えている。顧客に寄り添い、きめ細かいサービスを提案できる送風機のプロ集団から、今後も目が離せない。

●長寿の秘訣

送風機専門メーカーとして、業界内で高く評価されている理由のひとつは、独自に開発した高い技術力にある。古くから付き合いのある大学や研究機関との連携で積み重ねてきた、さまざまなデータが同社の製品開発力を支えている。また、ビジネスシーンで直接営業マンにモノが言える環境は意外と少ない。顧客のわがままな欲求に応えることができる、信頼性の高い取引も同社の強みとなっている。

忘年会

●会社概要

創　業：1920（大正 9）年 7 月
設　立：1954（昭和 29）年 9 月
所 在 地：東京都港区虎ノ門 1-2-3　虎ノ門清和ビル 7F
事業内容：オフィスビル、ホテル、公共施設等のビル空調用および自動車産業、各種工場の生産設備用送風機の製造・販売
資 本 金：9,600 万円
売 上 高：26 億 400 万円
社 員 数：200 名

URL：https://www.mitsuyaj.co.jp/

日本の貿易・近代史とともに歩んだ140年

森村商事株式会社

外貨交換比率の不平等により大量の金・銀が海外に流出した幕末開国期。これを憂慮し、「流出した富を取り戻したい」と貿易を志した森村市左衛門と弟の豊が1876（明治9）年に設立したのが現在の森村商事だ。同年に福沢諭吉の勧めで豊が渡米し、現地法人を設立。日本の雑貨や工芸品、陶磁器を輸出し、外貨を稼いだ日本貿易の草分けである。

◎素材・原料に特化したスペシャリスト集団

その後、事業を拡大し、現在のノリタケカンパニーリミ

●社是・理念

我社の精神

　海外貿易は四海兄弟万国平和共同幸福正義人道の為志願者の事業と決心し創立せし社中也（海外貿易は世界の平和を保ち、次世代の発展を目的とする事業である）

代表取締役社長
森村　裕介 氏

テド、TOTO、日本ガイシ、日本特殊陶業など製造会社を次々と設立。第二次大戦後の経済成長期を経て、森村グループは世界最大のセラミックス企業集団を誇るまでに成長した。

今の森村商事は、セラミックスを核とした耐火物原料から電子部品材料、樹脂・金属素材、化成品原料、航空機部材、香料・食品原料まで「素材・原料」に特化した輸出入と国内販売を手がける。特にセラミックスの主原料であるアルミナは世界中に生産拠点を持つアルマティス社、航空機製造と密接に関わるアルミニウムはアーコニック社（旧アルコア社）などと提携し、万全の供給網と信頼関係を築いている。

「当社は幅広く情報を収集・勉強し、素材メーカーの担当者以上に製品・技術に精通したスペシャリスト集団」。こう語るのは、森村豊

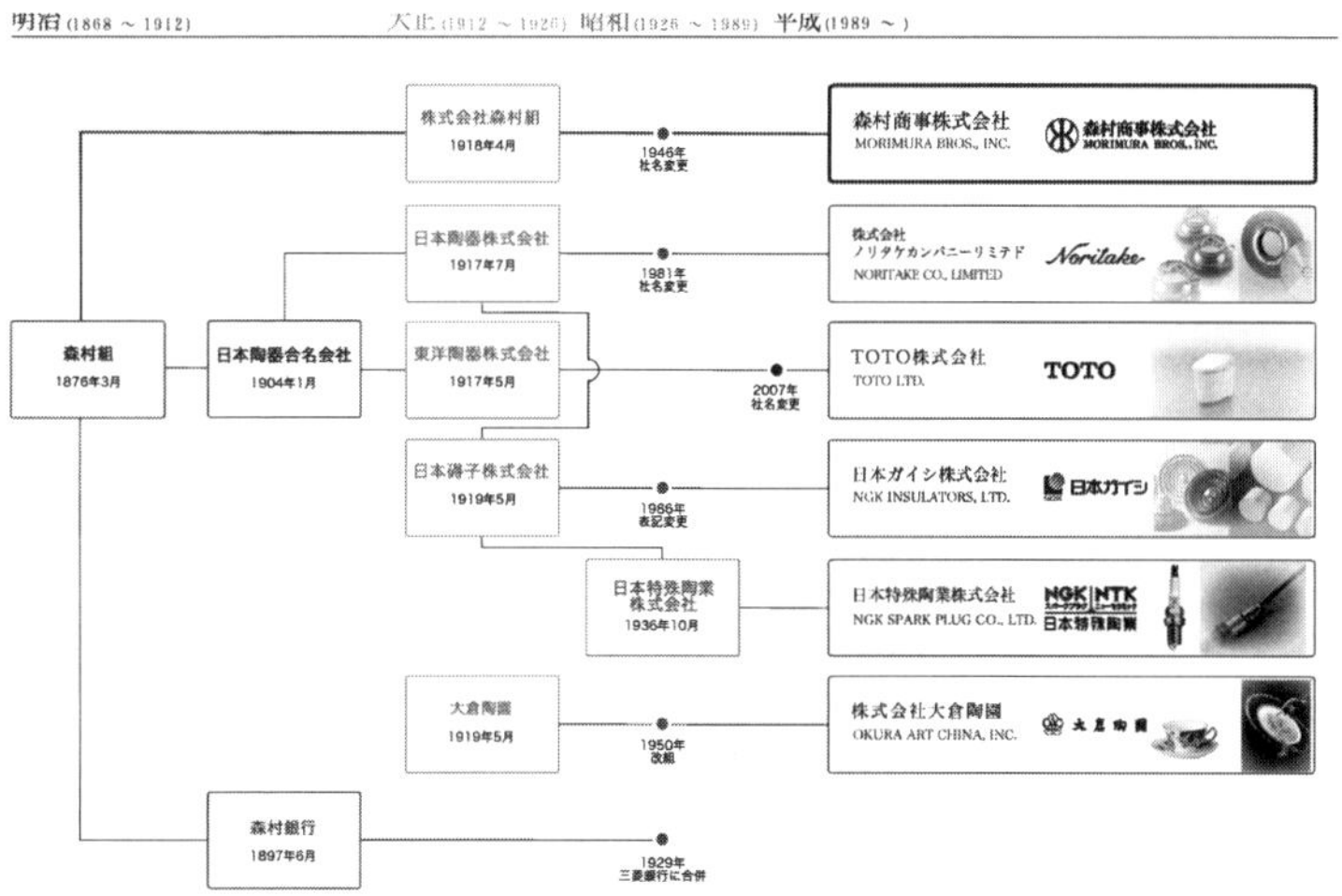

森村グループの沿革略図

20年６月旧本社ビル跡地に完成予定の
「東京虎ノ門グローバルスクエア」

の曾孫で２００４年に6代目社長に就任した森村裕介氏。取引先とは「常に約束を守りウィン・ウィンの関係を意識すること」を社員に説き、人材育成と風通しの良い社風づくりに取り組む。創業家として「利益を社員に還元し働きやすい会社にしていく」ためだ。

中期経営計画（17〜20年）では、東南アジア市場の開拓と事業投資の推進に注力。中国、タイ、フィリピン、ベトナムなど各国に拠点展開し、セラミックスや樹脂などの輸出入事業を強化する。全社売上高の2割まで高め、将来は4割程度を見込む。すでに91年から、インドで半導体用珪石の粉砕工場を現地資本と組んでスタートさせているが、現地での材料生産事業への投資・経営にも乗り出す方針だ。

20年6月には銀座線虎ノ門駅上の旧本社ビル跡地に国家戦略特区による新高層ビルが完成する。６年後の創業１５０年に向けて、社員個々の成長と組織の成長が一体となって進化する企業を目指している。

●長寿の秘訣

「単に歴史が古いだけでは食えない」と森村社長。戦前は森村財閥の中核だった同社も、今はノリタケ、TOTOなどとの資本・取引関係は数％程度に過ぎない。森村社長は就任後、スポーツ用品や衣料など最終消費財から撤退し、素材・原料に特化。連結売上高を２倍に当たる約1,100億円に引き上げた。長寿の秘訣は「時流に合わせ、柔軟に対応することだ」という。

森村市左衛門と弟の豊

●会社概要

設　　立：1876（明治９）年10月
所 在 地：東京都港区虎ノ門4-1-28　虎ノ門タワーズオフィス
事業内容：原材料・製品などの輸出入および国内販売
売 上 高：単体933億円（2018年12月期）
社 員 数：単体269名（2019年４月１日現在）

URL：http://www.morimura.co.jp/

顧客ニーズにとことん向き合う機械工具商社&刻印機メーカー

山田マシンツール株式会社

戦後間もない1947（昭和22）年に、山田雅英社長の父である創業者・山田登羅敏氏が、奉公勤めしていた機械工具商の商圏を譲り受け、中央区八丁堀に山田商店（現山田マシンツール）を創業したのが始まり。「父は近視が強くて徴兵を免れて命を繋いだ。戦中に店の主人や社員がいなくなり運よく創業できたこともあって、社会への恩返しのような気持ちで商売を始めた」（山田社長）という。

◉高度成長時代に取り残された会社

そうした登羅敏氏の思いは、ユーザーニーズにひたすら

●社是・理念

顧客に役立つ特異な製品の供給を通じて、日本のモノづくりに貢献する。

代表取締役社長
山田　雅英 氏

向き合う山田商店のこだわりへとつながった。「こんな加工をしたいが、いい工具はないか」。顧客の要望を聞いて、これをメーカーに直接持ち込み製品化してもらう。「今でいうソリューション型ビジネスの原型だが、父は高度成長期を迎えても、それをやっていた。同業者の多くは拡大成長一直線。時代に取り残された会社だった」と、山田社長は苦笑いまじりに説明する。大手商社から大量に工具を仕入れて販売すれば、業容は容易に拡大できたはず。ところが同社は、メーカー直接仕入れにこだわった。顧客の要望に応えて、お役に立つという恩返しの経営理念を貫いた。創業から70余年、山田社長は「この姿勢が当社のあり方を規定している。あのとき量を求めていたら今の当社は存在していない」と断言する。

顧客本位の経営は、商社でありながら自社製品への強いこだわりにも垣間見える。60年には埼玉の工場を完成し、いち早くカム式の自動盤の製造を始めたものの競争激化か

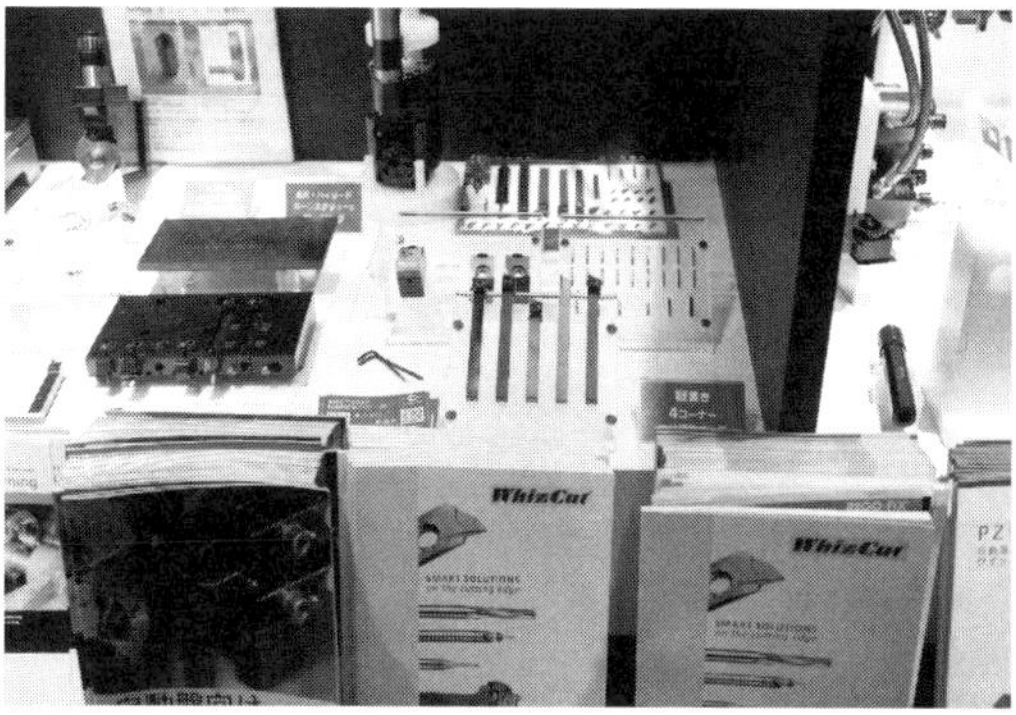

機工営業部の輸入商材

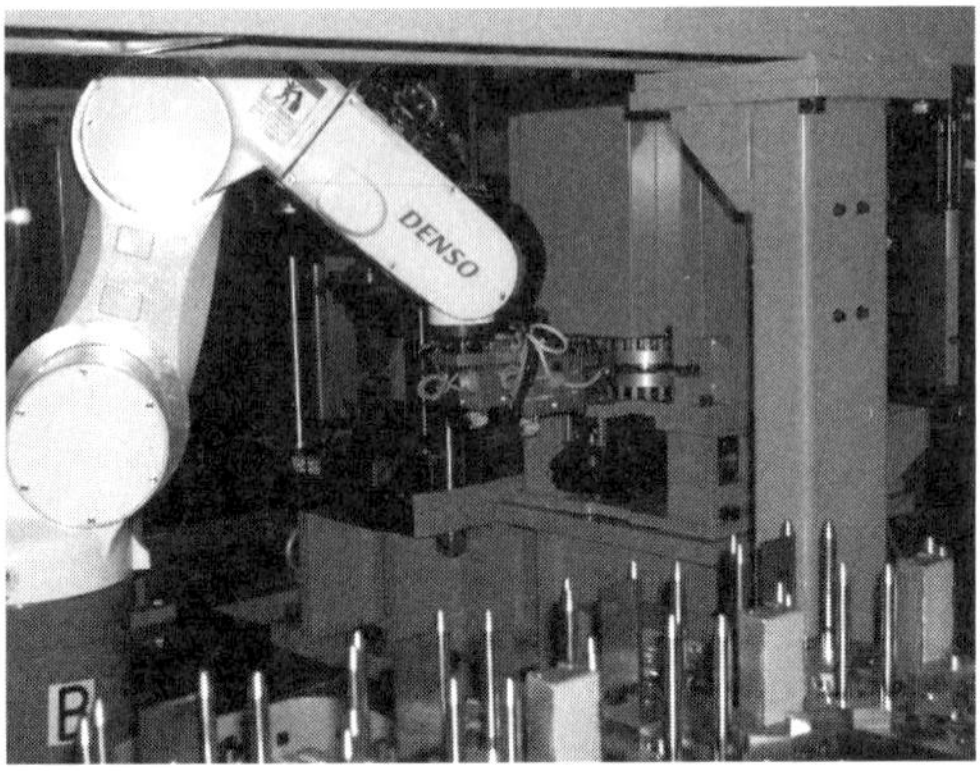

MS事業部で手掛けたロボットを使ったシステム

ら、今度は金属などのさまざまな素材に製造日などの数字を打ち込むナンバリングヘッドの自社製造に参入、安価な国産ヘッドが欲しいという顧客の要望に応えた。やがて大手自動車メーカーをはじめとする自動生産に対応、大型刻印機などの新商品を次々に開発し、工具と並ぶ同社の第2の柱である自社製品部門が形成されていった。

06年の山田雅英氏の社長就任の頃から加速しているのが、海外製品の輸入販売だ。特殊用途のニッチ工具を中心に、世界各国から工具関連製品を仕入れている。例えば、旋盤でキー溝や六角穴ができる工具など、既存設備で内製できるような製品だ。「このままでは日本のモノづくりが立ち行かない。ニッチな製品を通じて多品種少量生産に貢献していく」（山田社長）。メーカー直接仕入れを軸に、顧客に役立つ製品を提供する取り組みが続いていくだろう。

●長寿の秘訣

近江商人の三方よしの理念を地で歩んできたような会社だ。顧客価値を求めて規模を追わない経営が、さまざまな困難を乗り越えてきた同社の原点であったことは間違いない。とはいえ人材採用や研究開発を強化するためにも、現状以上の事業規模が必要という山田社長。累損解消したタイ現法を含めた海外事業や大幅リニューアルを目指すウェブ展開など、令和の課題に挑む方針だ。

タイの現地法人

●会社概要

創　　業：1947（昭和 22）年 1 月
所 在 地：東京都台東区台東 1-23-6
事業内容：刻印機の製造販売、工作機械・各種工具の販売、輸入工具・装置の販売
資 本 金：1,000 万円
社 員 数：40 名（2019 年 12 月現在）

URL：https://www.yamada-mt.co.jp/

挑戦と革新で130年の歴史を刻む理科学機器メーカー

ヤマト科学株式会社

1889（明治22）年に、初代森川惣助氏が、東京日本橋で医薬用ガラスの卸商を営む「倭屋森川惣助商店」として創業したのが始まり。以来、理化学ガラス、理科学機器、そして産業機器分野へ業態を変化させ、現在は、理科学機器・試験研究設備・分析計測機器・産業試験検査機器・医療機器のメーカーとして、積極的な事業展開を続けている。

130年に及ぶ歴史のなかで、今なお同社の原点となっているのが、1915（大正4）年に惣助氏が、わが国で初めてレントゲン管球の国産化に成功したことだ。後に日

●社是・理念

【基本理念】 革新的な商品とサービスを提供し、人類に幸福をもたらす科学技術の進歩発展に貢献します。

【社是】（明治22年の創業以来、創業者及び創業期の信条を基に大切にし、今後も守るべき価値）

- 「挑戦と革新」進取の精神を発揮し、困難な課題に果敢に挑戦し、革新する
- 「誠実と信頼」誠実な対応により、確固たる信頼の輪を築く
- 「公正と信用」公明正大な事業活動により、信用を堅持する
- 「忠恕と感謝」全てに思いやりと感謝の心を持ち続ける

代表取締役社長
森川　智 氏

本レントゲン学会の初代会長となった肥田七郎博士から依頼を受けた惣助氏が、硝子製作の経験がないにもかかわらず、「硝子のお蔭で今日がある。蓄積した財産を硝子の研究に使うなら、少しも憾《うら》みはない」と言って引き受け、多くの苦難を乗り越えて、当時の有力企業に先んじて開発にこぎつけたという。森川智社長は、「『困難な課題に果敢に挑戦する』という精神が、当社と当社グループ創業以来の原点。これを大切に受け継いでいく」ときっぱり。当時の惣助氏の考え方や行動をもとに、「挑戦と革新」、「誠実と信頼」、「公正と信用」、「忠恕と感謝」というキーワードを導き、これを社是に自社の行動指針としている。

◉グループ売上高50%増の急成長

現在、ヤマト科学のほか、1916年に医療器製造部門を分離独立させた森川製作所をルーツとするサンメディックスと、1948年にヤマト硝子として分社化し、食品容

ヤマト科学グループ創業130周年記念式典　全員写真

器のほか電子機器関連やウォーターサーバー関連を手掛けるヤマトマテリアルの主要グループ会社を合わせた年商は約９３０億円。10年前に比べ約50％増の売上規模になっており、「各社ともに挑戦と革新に取り組んだ結果」（森川社長）と説明する。

例えば、ヤマト科学が２００６年に完成した新Ｒ＆Ｄセンター。各種試験室や空調システムの体感型デモルームを開設したことで、大手製薬会社からの大量受注を呼び込んだ。さらには世界的な医療器メーカーと大型プラズマ滅菌装置を共同開発し、世界的な供給を開始したほか、液晶や、二次電池、精密モーター、ＬＥＤ、スマートフォンといった先端産業分野で、同社製のオーブン関連製品の需要が拡大している。「創業以来『科学・技術』『医療・福祉』『食品・エレクトロニクス』という世の中で必要とされ、かつ、常に進化し続けている市場で事業を展開してきたことが大きい」（森川社長）という。

R&Dセンター（山梨県南アルプス市）

今後も、同社の原点である挑戦意欲と困難に立ち向かう姿勢を保ちながら、グループ力を結集して、創業１５０年、２００年企業を目指して成長を続ける考えだ。

●長寿の秘訣

既存の商いにとらわれず、社会のニーズに合わせて変化できる力が、創業130年の歴史を刻んだ。初代惣助氏によるレントゲン管球の国産化は言うに及ばず、厚生省からの牛乳びんの供給依頼をきっかけに分社化したヤマト硝子の事例など、変化を恐れず、必要とされるモノにひたすら挑戦していく姿勢が際立つ。守り抜くところを守り、業態をさまざまに変化させてきたところに、同社の強さと凄みがある。

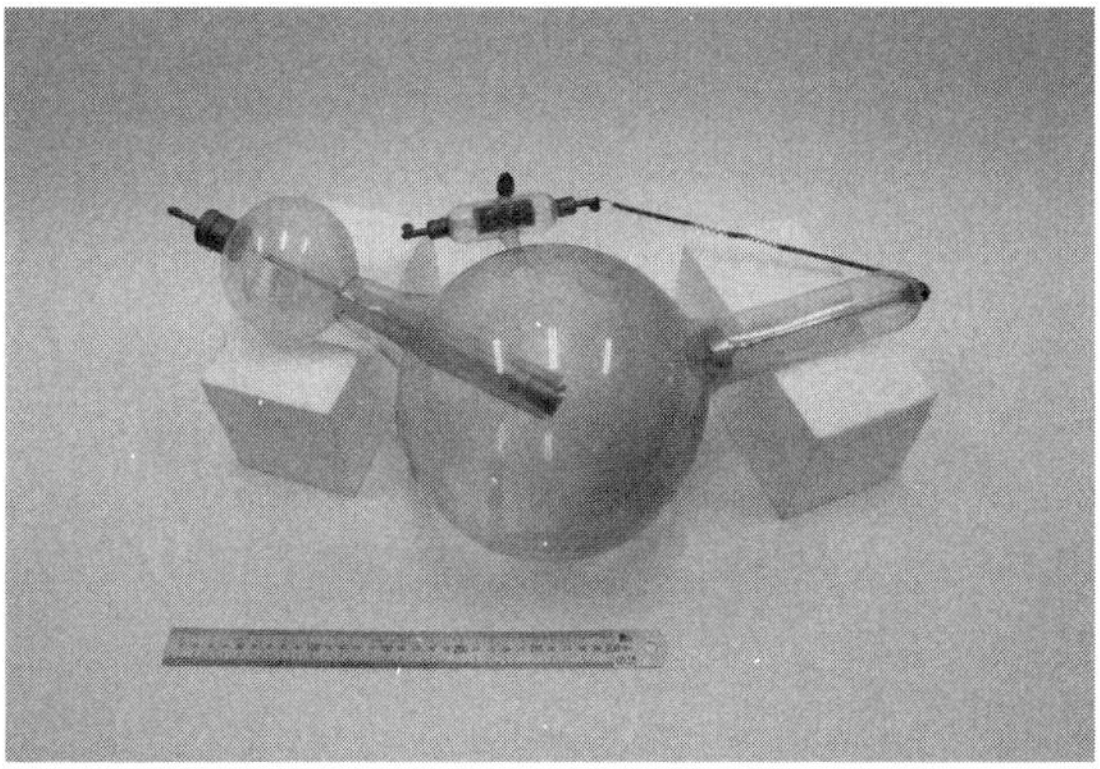

現存するレントゲン管球（九州大学総合研究博物館蔵）

●会社概要

創　業：1889（明治22）年3月
設　立：1946（昭和21）年11月
所在地：東京都中央区日本橋本町2-2-2
事業内容：理科学機器・試験研究設備・分析計測機器・産業試験検査機器・医療機器等の製造販売
資本金：1億円
売上高：グループ合計933億円（2019年10月）
社員数：グループ合計1,418名（2019年10月）

URL：https://www.yamato-net.co.jp/

シンプルに考え、果敢に行動する「老いを知らない」100年企業

株式会社大和バルブ

大和バルブは1919（大正8）年に東京・大崎で「ヤマト商工社」として創業した100年企業だ。建築用バルブを手がけ、官公庁の建物に強いメーカーだった。51年に「大和バルブ工業」に社名変更し、官公庁に加えて企業にも食い込む。91年には現社名へ改称。かつての主力だった官公庁からの受注は減少しているが、地域の中小水道工事店との取引が多いのが強みだ。

実は建築用バルブは再編が進み、寡占市場となっている。中小水道工事店はメーカーとの力関係で調達価格が上昇するのを嫌い、大手メーカーと同時に大和バルブにも見

●社是・理念

【経営理念】

1．顧客志向による新技術・新製品の開発
2．社員とその家族の生活安定と向上
3．地域および社会への貢献と奉仕

代表取締役社長
伊東　利一 氏

積もりの提出を求め、発注もしてきた。だから寡占市場でありながら、ナンバーワン企業でなくても成長を続けてきたのだ。

◉「シンプルヤマト」で未来を切り拓く

とはいえバブル景気が崩壊すると建築需要は伸び悩み、価格競争が厳しい一方でコストは上がっていく。大和バルブにも苦難の時代がやってきた。切り抜けるには会社が変わるしかない。そこで同社は2017年に「シンプルヤマト」を掲げ、社内の意識改革に乗り出した。文字通り物事を簡単に考えて即決し、行動を起こすことを目指す。「社員には自分の行動をシンプルに考え、決断して行こうと呼びかけている。そうすれば少しずつでも着実に会社は変わる」と、伊東利一社長は話す。

成熟製品で技術革新は起こりにくいと言われるバルブ業界だが、同社は塩化ビニール（塩ビ）管に直結可能で、従

彦根工場

要求水準の高い製品にもチャレンジ

来は必須だったソケットが不要な「ダイレクト弁」を業界で初めて発売した。ダイレクト弁は塩ビ管を接着剤で固定するだけでよく、ソケットと接続するためのねじ切り工程が不要になる。施工現場での人手不足に対応した。

戦略製品として力を入れているのはニッチ（すき間）分野だ。顧客の要求する仕様に応えてカスタマイズした製品を手がける。当然、通常の製品に比べると単価も付加価値も高い。「大手企業のやらないことを、どんどんやっていく」（伊東社長）ことで差別化を図る。カタログに載っていない製品も多いという。「こういうバルブはできないか？」との問い合わせを受けて独自開発することもしばしばだ。

今後は主力の建築用以外にも市場を拡大していく。水の温度や量などをスマートフォンで操作するための水田用取水弁や自動車向けのエア制御用自動昇降バルブなど、技術的な要求水準の高い製品にもチャレンジしている。シンプルに考え、果敢に行動し、顧客のニーズに対応した新製品で差別化する――１００年企業でありながら、発想と行動には「若さ」がみなぎっている。

●長寿の秘訣

「シンプルヤマト」は社内行動だけでなく、製品にも生かされている。開閉器にロック式のストッパーをつけたボールバルブは、従来のカギ固定式に比べてシンプルな構造だが、その分狭い空間内でも操作が容易になりユーザーの現場作業員からは好評だ。営業社員を増やしているが、これもより多くの顧客の声を集めるため。大学との共同研究体制も整うなど、次の100年に向けた準備にも怠りがない。

100周年記念旅行

●会社概要

創　業：1919（大正8）年9月
所在地：東京都品川区西品川1-1-1　住友不動産大崎ガーデンタワー1F
事業内容：各種バルブならびに付属品の製造・販売など
売上高：33億円（2018年度）
社員数：110名（2019年11月現在）

URL：http://www.yamatovalve.co.jp/

超高層ビルで国内シェア8割の階段メーカー

株式会社横森製作所

日本一の高さ300メートルを誇るあべのハルカス（大阪市）を始め、横浜ランドマークタワー、虎ノ門ヒルズ、JRセントラルタワーズ（名古屋市）、東京都庁第一本庁舎、六本木ヒルズなど、日本を代表する超高層ビル・トップ50の9割に採用されている鉄骨階段メーカーがある。高さ634メートルの東京スカイツリーの階段も手がけた横森製作所である。

◉高精度・静音・安全性を実現

創業当初は建築金物や手すりを製造。1964年の東京

●社是・理念

【社是】

1．各々その持ち場を守り、全員営業を心懸け、お客さまに満足して頂くために頑張ろう。

2．原価意識を旺盛に、損益分岐点を見極めて、儲けにこだわり、損をしないことに徹しよう。

3．創意工夫を回らして、無駄を無くし、物と時間を節約し、手直しミスを排除して、前向き作業に徹しよう。

4．準備周到、作業入魂、今日の仕事は明日にのばさず、常に問題と対決して、自らが解決者となろう。

5．自己チェックは厳正に、バトンタッチは確実に、一人相撲をとらないで、全員の知恵と力を活用しよう。

6．進んで困苦に耐え、現状に満足することなくより良きを求め、理想に向かって邁進しよう。

代表取締役社長
有明　利昭 氏

五輪では皇居前に設置された聖火集火台を受注した。67年には、歪みの発生源となる溶接の使用を抑え、2枚の薄板鋼を合板化することで、高い取り付け精度と静音性を実現した組み立て式内部鉄骨階段「YS階段」を開発。建物の工事とは別に、あらかじめ工場で製作した階段を現場に持ち込み取り付ける画期的な工法で、仮設通路としても利用できることから、工事に携わる作業員の安全確保にも貢献してきた。

当時の常識を覆すYS階段は、第1号を67年に新有楽町ビルに施工。71年には新宿京王プラザホテルで採用され、新宿副都心を始めとした超高層ビル開発を切り開いてきた。創業者・横森精文氏に続く2代目トップの有明利昭社長は「建物の解体現場からヒントを得て開発した創業者が築き上げた製品・技術力が最大の強みだ」と言い切る。

20年前から工場の余剰在庫ゼロ化にも取り組む。以前は煩雑な「段取り替え」を嫌い、同一規格の部材（半完成品）

建物になくてはならない「階段」を造り続けている

2017年7月に開設した
「YOKOMORI SINGAPORE PTE LTD」

を大量に作っては倉庫に山積みにしていた。だが部材が必要になった時、探したり運んだりする無駄が半端でない。工程を大幅に見直し最終製品を短時間に作れるようにして「倉庫一杯だった在庫は半年でほぼゼロになった」という。

２０１７年に北海道千歳市に全国９カ所目の工場を開設したことで、国内生産体制はほぼ完成した。次の課題は海外での事業展開にある。１９９５年に中国・上海で合弁生産を始めたが、20年間の契約が切れて生産を終了した。このため15年に独資で中国法人を設立。35人が日本向けの設計を担うほか、今後の現地生産再開もにらむ。

これに続き15年に米国、17年にはシンガポールに現地進出し、米国・東南アジア市場の開拓を目指す。「技術力の源泉となる設計部隊は国内で約１２０人。これに中国法人とベトナムの委託先を加え、顧客の要望に迅速に対応していく」と有明社長は決意する。

●長寿の秘訣

「自由にものが言える風通しの良い社内風土を保つこと」と有明社長。以前は営業、設計、工事の３部門が縦割りで職場も異なり、顧客からのクレームに「他部門のせいだ」と即応しなかったという。顧客ごとに同一職場にした結果、「レスポンスが早まり顧客との信頼関係も深まった」と語る。業務や製品に対する改善発表会や階段組立コンテストなども社内団結に役立っている。

メインスポンサーを務めている「ハルカス・スカイラン」チームヨコモリ集合写真

●会社概要

創　業：1951（昭和 26）年
設　立：1961（昭和 36）年 12 月
所 在 地：東京都渋谷区幡ヶ谷 1-29-2
事業内容：鉄骨階段の設計・製作・施工
売 上 高：170 億円（2019 年 9 月期）
社 員 数：445 名

URL：https://www.yokomori.co.jp/

様々な産業の安全を守る産業用ガス検知器製造のパイオニア

理研計器株式会社

ガス検知器メーカーの理研計器は理化学研究所の辻研究室が発明した「光学式ガス検知器」や「光弾性実験装置」などの精密機械を製造販売するため、1938（昭和13）年に富國機械を買収し翌39年に創業した。

太平洋戦争末期の44年には軍需工場として指定されていたが、終戦を迎えると再びガス検知器メーカーとして再スタートを切る。戦災からの復興で石炭増産が進み、炭鉱の安全を守るために商工省（現・経済産業省）から炭鉱保安機器製造重要工場の指定を受け、ガス検定器の指定事業者となった。

●社是・理念

【経営理念】

理研計器グループは「人々が安心して働ける環境づくり」を永久のテーマとして社会の発展に貢献します。

代表取締役社長

小林　久悦 氏

◉ガス検知器の用途を広げる

元々は炭坑で使われていたガス検知器が、現在では様々な産業で使われるようになり、理研計器は「人々が安心して働ける環境づくり」を経営理念として掲げ、製品開発に取り組む。現在では半導体・太陽電池・液晶工場での特殊材料ガス事故防止、石油精製・石油化学・化学・二次電池工場、タンカーなどでの可燃性ガス漏洩による爆発や酸欠防止のニーズが主力だ。

ガスを検知するセンサーは自社開発がほとんど。顧客のニーズを聞きながら開発し、製造、メンテナンスまでを一貫して手がけている。設立から80年が過ぎ、国内では固定客が多く、安定した収益をあげてきた。しかし、日本では製造業の海外移転による空洞化や景気低迷などに伴う市場の縮小に直面している。

そこで理研計器は、3年ほど前から海外市場の開拓を一段と加速した。2017年3月に米RKI Instruments, Inc.を、18年7月に東南アジアの総販売店でシンガポールに本社を置くＲＫ

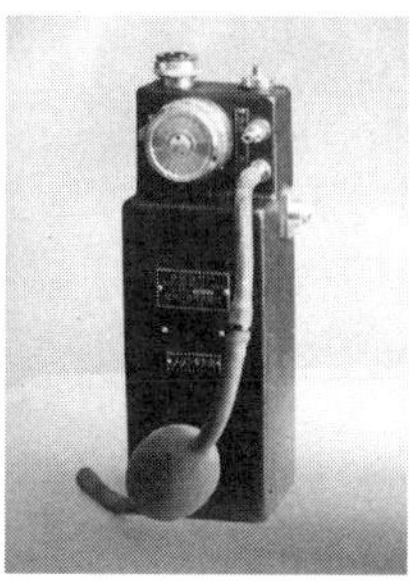

昭和40年代の本社（左）と創業期のガス検定器「5型」（右）

本社写真

Instruments (S) Pte Ltd をそれぞれ子会社化した。17年7月にはドイツで子会社のRIKEN KEIKI GmbH を設立し、欧州市場の深耕も進めている。

ガス検知器市場の世界市場は年間8000億～9000億円の「ニッチ市場」だ。そのため大手企業が参入しにくく、海外進出の余地がある。理研計器は海外の半導体工場や石油、天然ガスプラント向けにガス検知器を売り込む。

海外向け販売が増加すれば、生産能力の引き上げが必要になる。埼玉県春日部市の開発センター敷地内に「生産センター」を建設中で、20年6月に完成する。こうした取り組みで、海外販売比率の引き上げを図る。

時代の変化と共に新たな市場を拓いてきた理研計器。今後は同社が得意とする小型化技術に注目だ。ワンチップでスマートフォンに内蔵できるガス検知モジュールを供給できれば、巨大なコンシューマー市場へ進出できる。有毒ガスや一酸化炭素濃度などの測定で命を守るだけでなく、呼気の成分を分析して健康管理に利用することも可能だろう。スマホに理研計器のガスセンサーが搭載される日は意外と近いかもしれない。

●長寿の秘訣

「ガス検知器一筋」でブレなかったのが長寿の秘訣だろう。ただ、既存の技術を踏襲するだけでは必ず行き詰まる。理研計器はガス検知器の新しい用途の開発に力を入れてきた。炭鉱保安のためのガス検知器に始まり、石油化学プラント、造船、半導体、液晶、太陽電池の製造現場など、新たな分野に製品を送り出している。新製品だけでなく新たな市場を開拓したことで安定成長を続けているのだ。

創立80周年新聞広告

●会社概要

設　　立：1939（昭和 14）年 3 月
所 在 地：東京都板橋区小豆沢 2-7-6
事業内容：ガス検知警報器、ガス測定器の開発・製造
売 上 高：連結 306 億 5,000 万円（2019 年 3 月期）
社 員 数：約 1,300 名（パート含む、2019 年 11 月現在）

URL：http://www.rikenkeiki.co.jp/

常に新分野に挑戦し、リーディングカンパニーであり続ける

碌々産業株式会社

碌々産業は微細加工機のリーディングカンパニーへ。JIS規格では最小となるS0・3を下回るS0・1のネジを加工できるなど、他社の追随を許さない。1903（明治36）年に東京・銀座で、前身の「碌々商店」を設立。米ホーン商会から工作機械や機械工具を輸入し、国内造船業向けに販売を始めた。12年、東京・月島に工場を建設して初の自社製品となる枝型ボール盤のライセンス生産に乗り出す。62年には仏ヒューレ社と技術提携し、「ヒューロン超万能フライス盤」のライセンス生産を初めた。

●社是・理念

「工作機械ハ生産ノ手段デアッテ、其目的デハナイトコロノ特殊ノ利用財デアリマス」

代表取締役社長
海藤　満 氏

◉国産初の工作機械を次々と開発

65年、山梨大学や富士通と共同で国産第1号となるNCボール盤の開発に成功し、翌66年に「プリント配線基板専用NCボール盤」として生産販売を始める。70年には、これも国産初となる「立型マシニングセンタRMC」を発売。いずれも大ヒット商品となった。が、やがて追随者が現れる。プリント配線基板専用NCボール盤は台湾メーカーの低価格製品にシェアを奪われ、マシニングセンタも大手が参入して価格競争に巻き込まれた。

そこで碌々産業は、96年に高精度高速小径微細加工機「MEGA」を発売。ところが毎分20000～30000回転が当たり前の時代に、同3万6000回転もの超高速回転をする機械だったため切削工具を入手するのも一苦労。ドイツ製工具で50ミクロンの穴開けを実演したところ、「そんな小さな穴が必要なのか」とユーザーに呆れられたという。

しかし、時代が同社に追いついた。微細加工が必要な工程が増え、発売から2年後に「MEGA」は大ヒット

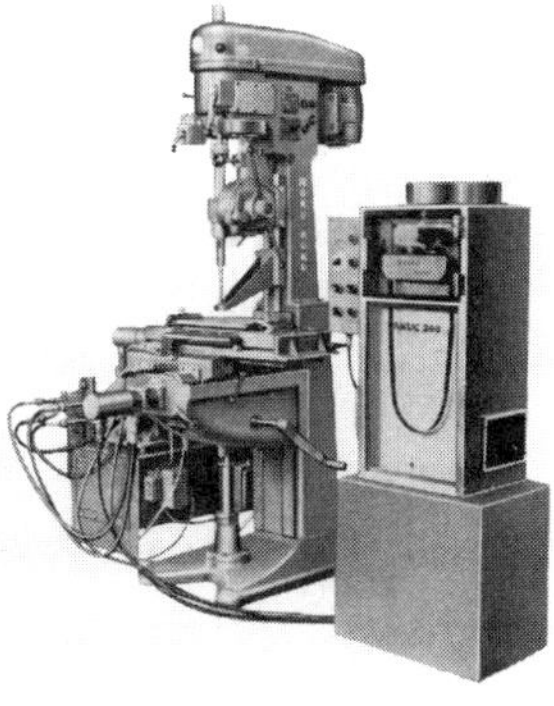

1965年共同開発した
「国産第1号となるNCボール盤」

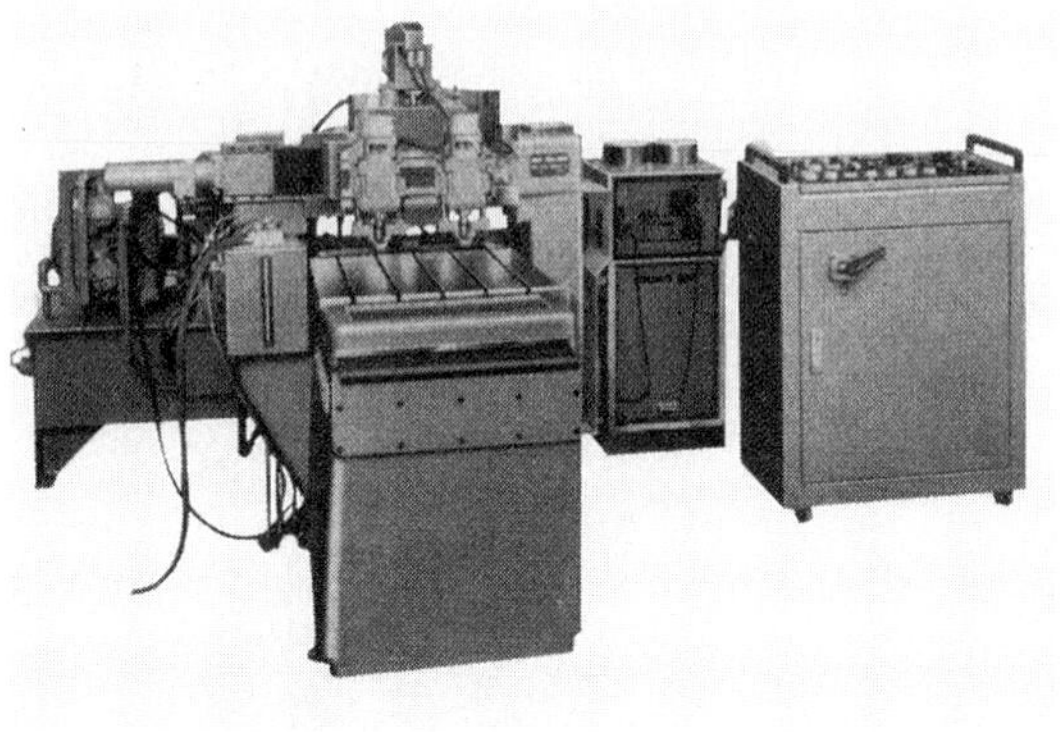

1966年生産開始した「プリント配線基板専用NCボール盤」

商品になる。例えば精密金型。かつては放電加工が主流だったが「ＭＥＧＡ」の登場で、より速く、より高品質な加工が可能になった。

微細加工には機械、工具、ＣＡＭに加えて、環境（温度）管理も含めたソリューションが必要だ。１ミクロンの精度を出すには人間の体温さえ邪魔になる。温度を一定に保つ空間内で加工し、人間は外部からリモート操作する。そういうノウハウが必要だからこそ、他社も容易に追いつけない。

なぜ、ここまで卓越したものづくりができるのか。創業者の野田正一氏は「製品づくりはあくまで手段、目的は顧客に利益をもたらすことだ」と説いた。「ＭＥＧＡ」のようにすぐに売れなくても、遠からず顧客に必要となる製品を先行開発しているのもその精神に基づく。「顧客に利益をもたらす」経営こそが、碌々産業の成長を支えているのだ。

●長寿の秘訣

どんなに高い理想を掲げても、それを実現するのは人間。碌々産業の長寿の秘訣は人材育成に尽きる。その手法は極めてスマートだ。同社では製造現場の社員を「職人」ではなく「アーティスト」と呼ぶ。工場をスタジオと位置づけ、制服もF1チームのピットクルーのようなスタイリッシュなものに。クリエイティブな感覚を持つエンジニアとして育てることで、世界でも最先端の工作機械づくりを可能にしている。

1996年開発の「高精度高速小径微細加工機　MEGA-360」

●会社概要

設　立：1903（明治36）年6月
所 在 地：東京都港区高輪4-23-5
事業内容：微細加工工作機械やプリント基板加工機などの製造・販売
売 上 高：約50億円（2018年度）
社 員 数：180名（2019年12月）

URL：http://www.roku-roku.co.jp/

東京の長寿企業 70 社

NDC335

2020年 4 月10日　初版 1 刷発行

（定価はカバーに表示されております。）

©編　者　日刊工業新聞社
発行者　井水治博
発行所　日刊工業新聞社
協　力　日刊工業コミュニケーションズ

〒103-8548　東京都中央区日本橋小網町14-1
電　話　書籍編集部　03-5644-7490
販売・管理部　03-5644-7410
FAX　03-5644-7400
振替口座　00190-2-186076
URL　https://pub.nikkan.co.jp/
e-mail　info@media.nikkan.co.jp

印刷／製本　新日本印刷（株）

落丁・乱丁本はお取り替えいたします。　2020 Printed in Japan

ISBN 978-4-526-08060-9　C3034

本書の無断複写は、著作権法上の例外を除き、禁じられています。